図書館員のための イベント実践講座

北村 志麻

樹村房

はじめに

　みなさん，こんにちは。北村志麻と申します。
　私は，「図書館パートナーズ」という団体の代表です。図書館で働く人向けの研修「ライブラリー・ファシリテーター®認定講座」を開催したり，企業や業界団体等での研修を請け負ったりしています。同時に，住んでいる墨田区の「ひきふね図書館」のイベントボランティアでもあります。
　元々，会社員をしながらイベントボランティアをしていました。ボランティア団体「墨田区ひきふね図書館パートナーズ」では年間60企画を実施しています。それが珍しがられ，研修の依頼が増えたため，2015年に独立しました。現在は，3年間で100企画以上実施しています。
　会社員をしていた頃は，かなりの仕事人間であり，会社を通して社会貢献したいと思っていました。東日本大震災をきっかけに，直接社会貢献しても良いのでは，とボランティア活動を始めました。
　図書館というのは，幼い頃から，私にとって「知のインフラ」でした。引っ越しをしたら，電気・ガス・水道と図書館の登録カード変更の手続きをします。しかし，図書館でのボランティアを始めたことで，このような人間は少数派であることを知ります。図書館サービスの受け手側から担い手側になったことで，図書館の内側を理解しました。現状のあらゆる図書館が置かれた苦境を理解したことで，どうにかしなければならないと思いました。
　イベントボランティアをしているだけでは，地元の図書館を変えることしかできません。だから，全国の図書館で働く人の成長を助けるための講座を開催しています。
　ただ，講座をしていても，参加してくれた人を変えることしかできません。そこで！　これまでに培ったノウハウを，もっと広くお伝えするために，本書を執筆しました。
　本書では現場ですぐに使えるスキルとして，具体的な方法をお伝えしていきます。これまでの経験，及びライブラリー・ファシリテーター®講座でお伝

えしているノウハウを，できる限り提供していきたいと思います。

　ぜひお手元に置いていただいて，実行に移してほしいです。

　公共図書館・学校図書館・大学図書館・専門図書館勤務の方，図書館ボランティアの方，これからイベントをやってみたい方，もっと色々なイベントを開催したい方，イベント業務の効率化を図りたい方，新規顧客を獲得し，図書館のPRをしたい方，にお読みいただきたいです。そして新しくイベントを開催するとき，アイデアに煮詰まったとき，現状の打開策がほしいとき……。その都度に本書を開いていただけたら，幸いです。

　私の活動の主な場が公共図書館であるため，事例には公共図書館が多めにはなっています。しかし，イベントのつくり方や運営方法については，どのような館種でも基本は同じのはずです。応用，アレンジして実践してください。

　豊富な事例やノウハウから，真似できることを取り入れてください。自館オリジナルのコンテンツ作成のために，アイデア発想法を学んでいただくことができます。運営における注意点やリスクを知っていただけます。永続的な自己成長のための自己研鑽方法を学んでいただくこともできます。

　本書をお読みいただき，実行していただくことで，全国のあらゆる図書館がより一層輝き，非利用者にも図書館の存在をアピールできるようになるはずです。

もくじ

はじめに　1

1　プロフェッショナルなボランティア集団?!……………………1
墨田区の年間60イベント事例

・墨田区ひきふね図書館パートナーズ　1
・イベントボランティアのはじまり　2
・行政と市民の協働での図書館運営　3
・そして全国へ　4
・イベント実施のモチベーション　4
・イベント事例紹介　4

2　新規顧客なければ未来なし……………………………………6
イベントで顧客開拓

・「図書館員の仕事」とは　6
・図書館法におけるイベント　7
・図書館イベントの一般的知名度　8
・イベント実施の意義　8
・短期的視点と長期的視点　11
・実際の現場における苦境　12
・図書館のイベントとは?　12
・イベント実施の難易度　13
・イベントの良し悪しとは　14
・実際の現場の声　14

3　図書館員の地位向上のために……16
スキルアップでの生き残り戦略
- ・企画実施に必要なスキルとは　16
- ・これから必要になるスキル　18
- ・書籍でのスキルアップ　20
- ・研修・セミナー受講　21
- ・足りないスキルは？　21
- ・本当のスキルアップのために　22
- ・図書館員の待遇を上げたい　22
- ・変化する喜び　23
- ・図書館員はどうやって生き残るのか　23

4　全国の先進的イベント事例……24
驚いてはいられない
- ・ウィキペディアタウン　24
- ・官能小説朗読ライブ　26
- ・東京・学校図書館スタンプラリー　27
- ・足立区立やよい図書館 LINE スタンプの販売　28
- ・図書館"らしくない"イベントの勧め　28

5　図書館先進国アメリカ……30
ニューヨーク公共図書館のイベント事情と事例
- ・桁違いのイベント数　30
- ・多種多彩なイベント　31
- ・時流に合わせて変わる図書館　32

6　イベントアイデア発想法……34
発案から企画化まで
- ・自分だったら，どんなイベントに参加したいか？　34
- ・イベントの対象者は誰？　ターゲットは絞ろう　35

・アイデアのつくり方　　35
　　　・予算と参加費　　37
　　　・いざ企画！　　38
　　　・プレゼンテーション　　41
　　　・やっぱり熱意も大切　　41
　　　・まずはやってみせる！　　42

7　来てもらわなければ意味がない…………………………………43
　　集客方法あれこれ
　　　・図書館での集客は有利?!　　43
　　　・集客方法あれこれ　　44
　　　・紙媒体　　44
　　　・公共図書館と学校との連携　　45
　　　・HPでの広報　　46
　　　・SNSを活用しよう　　46
　　　・FacebookかTwitterか？　　47
　　　・LINEの事例　　47
　　　・申し込み方法　　47
　　　・いかに検索されるか　　48
　　　・それでも集まらなかったら？　　48

8　いよいよ実施！　でもそれで終わりじゃない………………49
　　イベント本番とその後
　　　・イベント前日と当日の準備　　49
　　　・人員について　　50
　　　・会場への誘導　　50
　　　・当日キャンセル　　50
　　　・開始時刻は守るべきか？　　51
　　　・司会進行をする　　51
　　　・イベントから図書館利用促進へ　　52

・参加者との交流　　52
　　・アンケートを取ろう　　52
　　・アンケート結果の確認と振り返り　　53
　　・クレーム？　　53
　　・イベントのその後……　　54
　　・イベントのアーカイブ　　54

9　イベント運営の裏側実況中継……………………………………55
　　リアルな企画運営の内側
　　・イベント裏側実況中継①　ぬいぐるみお泊り会　　55
　　・イベント裏側実況中継②『ニジェール物語』著者講演会　　59
　　・イベント裏側実況中継③　まきまき工作会　　62
　　・イベント事例　　64
　　・本を借りて商店街へ行こう　　64
　　・まちライブラリー　　65
　　・著者講演会・サイン会・即売会　　66
　　・Read for Action 読書会　　67
　　・8時間耐久読書会　リードアスロン（READATHLON）　　69
　　・ラノベ朗読会　　70
　　・「東京国際文芸フェスティバル」参加イベント　　71

10　企画を通じたコミュニティの生成…………………………………74
　　単なるイベントにあらず
　　・イベントは単なる「スタート」　　74
　　・コミュニティとは　　75
　　・図書館員がコミュニティをつくる　　75
　　・コミュニティ創出は社会課題　　76
　　・コミュニティは一日にして成らず　　76
　　・参加者同士の交流　　77
　　・人脈は数珠つなぎ　　78

・コミュニティ生成事例「エコノミックガーデニング」　78
　　・エコノミックガーデニングと図書館　79
　　・実際の活動の様子　79
　　・図書館におけるコミュニティとは？　80

11　組織としてのイベント実施力 ……………………………………81
チームワーク強化のために
　　・イベントが生まれやすい組織に　81
　　・新しいことが歓迎される組織へ　82
　　・イベンターを育てよう　82
　　・企画会議でアイデア発想を　83
　　・引き継ぎ，挨拶はしっかりと　84
　　・どこでも「悩みの種」の予算　84
　　・何のための予算か？　85
　　・イベントが歓迎される図書館運営を　85
　　・開架スペースでのイベント開催　86
　　・静かな図書館？　87
　　・組織変革をボトムアップで　88

12　イベント実施に必須の協働 ………………………………………89
自前主義にこだわらない
　　・なぜ協働なのか　89
　　・最も身近な協働相手：図書館ボランティア　90
　　・図書館員はボランティアをしているのか？　91
　　・ボランティアの育成　92
　　・外部団体との協働　92
　　・協働をうまく進めるためには　93
　　・ボランティア側から望むこと　94

13　業務効率化を追求しよう ……………………………………… 95
やっぱり楽に開催したい！
- まずは通常業務から　95
- 「時間がない」は本当なのか？　96
- 「時間くい虫」の会議を改善しよう　97
- 会議時間削減方法　98
- イベント業務の効率化　98
- 人間関係　100
- イベントの質？　101

14　もっと素晴らしい企画ができる！ ……………………………… 102
さらなる発展
- 現状維持は衰退である　102
- 社会の動き・最新情報を常に把握　103
- 人脈を活用した情報収集・PR を　103
- 世界中の誰とでもつながることができる　103
- SNS を駆使したつながりの創出　104
- 「つながる図書館員」木下館長の事例　104
- 「未来の図書館員」　105

付録　イベントに関する Q&A　106
おわりに　115
参考文献　116
さくいん　118

本文・カバーイラスト　北村志麻

プロフェッショナルな
ボランティア集団?!
墨田区の年間60イベント事例

　本題に進む前に，まずは筆者の事例について，紹介します。墨田区では公共図書館において実施されているイベントのほとんどを，市民がボランティアで実施しています。協働での運営の成功例として，まずは知ってください。

墨田区ひきふね図書館パートナーズ

　筆者は現在，東京スカイツリー®の麓，墨田区立ひきふね図書館でイベントボランティアの活動をしています。所属しているのは任意団体の，「墨田区ひきふね図書館パートナーズ」，現在は15名程度のメンバーがいます。20代〜60代のメンバーが，自由な発想でイベントを開催しています。メンバーは，会社員，自営業，主婦といった方々です。フラットな組織であり，あえて代表は置いていません。組織運営に必要な事務等は皆で分担するルールです。

皆さん，お仕事等がある中で，週末等を中心に，年間50〜60回のイベントを実施しています。その活動は，地元でも注目を集め，イベントをきっかけに，はじめて図書館に来てくれた利用者も多くいます。

私たちの活動には大きな特徴が二つあります。一つ目は，図書館利用者が，自らイベントを発案し，ゼロからほとんど担当者のみで運営まですることです。二つ目は，行政との協働によって運営していることです。"図書館サポーター"や"フレンズ"といったボランティアがいる図書館は多いですがこの団体が他団体と違うのは，図書館のお手伝い等といった役割ではなく，この図書館におけるイベント運営業務を一手に担っている点です。

この取り組みは，著名な方々の本や新聞・雑誌，テレビなどのメディアから革新的だとして取り上げられるようになりました。

利用者目線でのアイデア発想や，ビジネスパーソンの持つスキルを図書館に適用できたことが成功の要因と言われています。

イベントボランティアのはじまり

墨田区は，東京の北東に位置する，人口約26万人の行政都市です。

活動の始まりは，2012年に遡ります。当時の墨田区では老朽化していた二つの図書館を統合した統合新図書館として，2013年4月にひきふね図書館の開館を控えていました。そんな中，開館前の2012年6月から，行政の主催で「プロジェクトリーダー養成講座」が開催されました。もちろん図書館には，すでにボランティアさんたちはいましたが，この講座では点訳・おはなし会・読み聞かせ，といった決まったことをこなすボランティアではなく，ゼロから新しい企画を実施してくれるようなボランティアを募り，養成することが目的でした。

墨田区には，「墨田区協治（ガバナンス）推進条例」[1]があり，もともと区民と行政との協働が推奨されるような土壌がありました。区民活動推進課では，

---

1 "墨田区協治（ガバナンス）推進条例"墨田区 Web サイト．https://www.city.sumida.lg.jp/kuseijoho/sumida_kihon/governance/suishinjyorei/joureizenbun.files/gavjourei_zenbun.pdf．（参照 2017-08-23）．

上：新メンバーの歓迎会[2]
左：ある日の企画会議後

すでに「ガバナンスリーダー養成講座」という，地域で何か始めたいボランティアを育てる講座を実施していました。「プロジェクトリーダー養成講座」は当時の館長が，これを模した形で実施した講座です。この講座の受講生を中心に組成されたのが，「墨田区ひきふね図書館パートナーズ」です。

行政と市民の協働での図書館運営

これまでの活動が認められ，墨田区の図書館条例（平成27年12月11日公布）が改正される際に，「協働」について記載してもらいました。「第3条　図書館は，第1条の目的を達成するため，次の事業を行う」の中の，「(7) 図書館と協働する団体との連絡及協力」という条文です。はっきり明文化されているのは，全国的にも珍しい事例ではないでしょうか[3]。

この協働でのモデルは，図書館，ボランティア，利用者，外部講師の方すべてにとって，有益な活動です。いわば，win-win-win-win な関係です。

2　本書掲載の写真のうち，提供の記載がないものは筆者撮影です。
3　"墨田区立図書館条例"墨田区 Web サイト．https://www.city.sumida.lg.jp/kuseijoho/jourei/kohujyorei/kohujyorei_27/42704-2.files/048.pdf．（参照 2017-08-23）．

そして全国へ

「素晴らしい活動ではあるが、墨田区だけでは不公平」という指摘をうけたことをきっかけに、墨田区ひきふね図書館パートナーズの一部メンバーと共に、「図書館パートナーズ」を並行して立ち上げました。墨田区のモデルを全国に広げることを目的としています。現在、横浜桐蔭大学で「桐蔭学園パートナーズ」として導入され、大学の近隣住民と学生、大学図書館職員との協働でイベントを実施しています。埼玉県志木市でも、2017年度同様のモデルが採用され、ボランティア養成講座が実施予定です。

イベント実施のモチベーション

ボランティアでたくさんのイベントを実施していると、よく「なぜそんなに実施できるのか？」と尋ねられます。一言で言ってしまえば「楽しいから」に尽きます。かつては自分の頭の中にしかなかった企画が、現実となるのは、それだけで楽しいものです。そして、そこに多くの人が集まってくれます。参加者と交流でき、参加者の楽しんでいる・喜んでいる姿を見ることができます。

私は、企業で働いているとき、色々な業務を担当しました。その中でも、やりがいを感じやすいのは、お客様と直に接する仕事でした。裏方的な業務は、何のためにこの作業をしているのかがつい見えなくなりがちです。

あくまでも、利用者あってのサービスです。利用者の声・表情のわかるイベントを、ぜひ現場で働く図書館員の皆さんにも多く体験していただきたいです。

イベント事例紹介

次の表に、これまでに実施したイベントの一部をご紹介します。詳しい紹介については、9章でもまたご説明いたします。

なお、実際のイベント開催の流れとしては、毎月1回の企画会議で各企画の承認がされた後、館長の承認を得て企画開催となります。

資料1．墨田区ひきふね図書館パートナーズ実施企画例

企画名	対象	内容
2周年記念祭	一般	ひきふね図書館開館2周年記念イベント
おもてなし課定例会	中学生・高校生	中学生サポーターによる図書館活動（月1～2回）
最新ビジネス書読書会	ビジネスパーソン	ビジネス書をその場で読む読書会
まちライブラリー・ミニセミナー	一般	毎回さまざまなテーマで，毎月1回
ライブラリーファシリテーター養成講座	一般	次期パートナーズメンバー募集＆養成講座（3～4回）
小学生向け Read for Action 読書会	小学生高学年	子どもたちの好きなものから始める調べる学習
データベース活用講座（小中学生編）	小学生・中学生	調べる学習に合わせ，データベース検索をレクチャーする
すみだジャズフェス写真展	一般	すみだジャズフェスコラボ企画
READATHLON	一般	8時間耐久読書会
図書館総合展　出展	図書館関係者・一般	Library of the Year 参加，ポスター出展
北斎かるた	小学生	北斎かるた大会
中学生落語会	一般	中学生による古典落語会
東京国際文芸フェス サテライトイベント	一般	洋書を使った読書会
エジプト発掘講演会	一般	エジプトクフ王第2の太陽の船プロジェクトについて発掘者による講演
落語の楽しみ方	一般	素人落語家による落語会
時代小説の楽しみ方	一般	時代小説家・飯島一次先生講演会
手芸シリーズ	小学生	ハーブを使った小物作り
工作会	小学生	まきまき工作，点字など
「簡単な事業計画つくりませんか？」	自営業者	中小企業診断士・税理士による講座
小学生向けデータベース活用セミナー	小学生	小学生への情報リテラシー教育
ママのための読書会！	母親	今気になる本から，なりたい自分に出会う読書会
これからの図書館を考えるワークショップ	一般・職員・メンバー	日経新聞の図書館特集を題材とした勉強会
声部	中学生・高校生	声優科の高校生による朗読会
ハーバードビジネスレビュー読書会	ビジネスパーソン	月1回同誌を使った読書会
聞こえない方のための手話朗読会	一般	手話がやりやすいテンポで読み上げる朗読会
ポプリの作り方	一般	アロマオイルを使ってポプリを作るワークショップ
映画会	一般	「かあちゃん」「三国志」等の映画上映
「まちぐるみ」読書会	一般	一冊の本から，町の課題を考えるワークショップ
シャーロック・ホームズ講演会・読書会	一般	シャーロック・ホームズ関連講演会・読書会

新規顧客なければ未来なし
イベントで顧客開拓

　まずは，そもそも論として，考えてみましょう。図書館でのイベントは，なぜ必要なのでしょうか。イベントがなかったら，どうなるのでしょうか。新規顧客はどのように獲得すれば良いのでしょうか。改めて，皆さんがイベントを実施する意義について，確認してみてください。

「図書館員の仕事」とは

　「イベントがなくても困っていない」という声もあるかもしれません。いわゆる昔ながらの静かな図書館では，むしろ不要である，という声すらあるかもしれません。しかし，次の文部科学省の定義をご覧ください[4]。

4　"司書について"　文部科学省 Web サイト．http://www.mext.go.jp/a_menu/shougai/gakugei/shisyo/，（参照 2017-08-23）．

【司書の主な職務内容】
1　図書館資料の選択，発注及び受け入れ
2　受け入れ図書館資料の分類及び蔵書目録の作成
3　目録からの検索，図書館資料の貸出及び返却
4　図書館資料についてのレファレンスサービス，読書案内
5　読書活動推進のための各種主催事業の企画，立案と実施
6　自動車文庫による巡回等の館外奉仕活動の展開など

　5に注目してください。「読書活動推進のための各種主催事業の企画，立案と実施」とちゃんと書いてあります。このとおり，司書のお仕事とされていますので，実施すべきではないでしょうか。
　また，「読書活動推進」とはどういうことでしょうか。一言で言えば，図書館にある資料と，人とをつなげる活動ではないでしょうか。本を分類・整理し，保管しておくことも大事ですが，NDCの棚だけでは，本と人との出会いをつくることは難しいです。日本十進分類法を知っている利用者はほとんどいません。本のしまい方よりも，むしろ本の見せ方が大事です。本の演出をすることで，利用を促進させることができるはずです。

図書館法におけるイベント

　図書館法には，「第三条　図書館は，図書館奉仕のため，土地の事情及び一般公衆の希望にそい，さらに学校教育を援助し得るように留意し，おおむね左の各号に掲げる事項の実施に努めなければならない」の中に，「六　読書会，研究会，鑑賞会，映写会，資料展示会等を主催し，及びその奨励を行うこと」とあります。
　やはり，ここにも「努めなければならない」と書いてあります。
　このように，通常業務と別とは考えずに，通常業務の範囲内だと，再定義してください。

図書館イベントの一般的知名度

しかしながら、一般の方に、図書館でイベントを実施していると話すと、よく驚かれます。「図書館＝イベント」というイメージがないそうです。「図書館でイベントなんてやってるんですか?!」と言われることが多いです。まだまだ世間一般には浸透していない現状のようです。近年はイベントをしている図書館も多いはずなのですが、「静かな図書館」のイメージが未だ強いようです。

イベント実施の意義

基本的にはやらなければならないことだとご理解いただいたうえで、改めてイベント実施の意義を、下記にまとめました。

①新規顧客獲得のため

企業であれば、既存顧客を守ることはもちろんのこと、新規顧客の獲得は欠かせません。図書館においては、この視点が弱いように感じます。新規顧客が増えなければ、当然長期的な発展は望めません。普段本をあまり読まない人たちを図書館へ呼び込むきっかけとしても、イベント実施は最適です。この新規顧客獲得という意味合いは最も大きいと思います。

実際にイベントを開催していると、「このために、初めて図書館に来た」という声をよく聞きます。イベント参加の後には、「せっかく来たので、登録カードをつくっていこう」「せっかくなので、本を借りていきます」という声も良く聞きます。

もちろん、イベントを実施して、呼べばそれで良いとは限りません。イベント参加をきっかけとして、長期的な顧客に育てていく工夫も必要ではあります。

②図書館の運営方針を全うするため

その図書館の経営方針・運営方針は何でしょうか？そして、その方針は利用者に理解されているのでしょうか。

イベントは単なる「賑わいの創出」等ではありません。イベントを通して、その図書館の特色を周知させることができます。例えば、その地域の課題が子

育て支援であり，図書館の経営方針であるとします。子育て支援関連のイベントを多く開催することで，必要な利用者に届きやすくなります。そして，その図書館の方針が表明され，自然と伝わっていきます。結果として，子育ての課題を抱える住民からの注目を集め，理念を浸透させることになります。

一部の読書好き顧客や"本オタク"だけを満足させるのが図書館の役割ではありません。より大きなミッションを表現していかなければ，今後の図書館の発展は考えられません。

③図書館評価向上のため

図書館評価の指標にはさまざまなものがあり，ここではその議論はしません。少なくとも，来館者数については，イベントによって増やすことができます。評価指標の是非はともかくとして，数字は自治体や親組織等にもアピールすることができます。たくさんの人が訪れる場であれば，予算削減や閉鎖等の可能性は低くなるはずです。

墨田区の数値では，ゲート通過者数（来館者数）が平成25年度の49,427人から，平成28年度51,406人に増加（4％増）しています。また，催し物（参加者）人数も，同8,106人から11,234人（38.5％増）に増加しています。

図書館運営協議会でも，イベント開催と来館者数との相関関係について認められ，評価されています。

④課題解決型図書館の推進のため

かつて，無料貸本屋といわれた図書館も，昨今では課題解決型図書館への転換が叫ばれています。地域の課題解決をするためには，資料だけでは不十分です。また，レファレンスサービスも利用者に知られていない現状では，機能しません。やはり，いちばんは課題解決型イベントの開催から始めることです。例えば，「起業セミナー」を開催することで，ビジネス支援事業の存在が知られるようになります。そこから，レファレンスサービスへつなげていくこともできます。

⑤主体的学びの場となるため

教育現場においては，いわゆるアクティブラーニングが主流になってきています。文科省の学習指導要領でも[5]，「(3)「主体的・対話的で深い学び」の実現（「アクティブ・ラーニング」の視点）」との記載になっています。「主体的

な学び」には，調べるという行動が自然と伴います。調べる中で，図書館が深く関わることができます。アクティブラーニングセンターとしての図書館，というのは，図書館が今後生き残る王道ではないでしょうか。各学校から，大学，そして公共図書館へこの流れをつないでいかなければなりません。

　人々が自ら課題を設定し，それを調べるためにはネット情報では不十分であることに気づき，自然と図書館に来てくれれば，これほど楽なことはありません。そうではない現状であるからには，そのきっかけづくりが必要です。やはり，イベント開催によって，図書館の機能を周知させるきっかけにできます。探求学習や調査・研究に図書館を使ってもらう良い機会にしましょう。

⑥図書館員自身の成長のため

　いかなる社会人にとっても，自己成長は欠かせません。毎日同じ仕事だけを繰り返しているだけで，成長するでしょうか。今までやったことのない仕事に挑戦するからこそ，能力の幅が広がり，成長します。次章でも述べますが，イベント開催をするには，さまざまなスキルが要求されます。そのようなことに挑戦することで，図書館で働く人材の能力の底上げにつながっていきます。

　確かに，初めてイベントを実施する際は，不安なものです。人が来てくれるのか，来てくれる人を満足させられるのか，準備の不手際はないか……考え出したらきりがありませんでした。それでも，実施していくうちに，慣れてきますし，さらにより良いものをつくれるようになってきます。当時，一般企業に勤めていた筆者にとって，自己成長の大きな機会となりました。通常は，新規事業に関わる機会というのは，なかなかありません。さまざまな講座を企画し，講師をお呼びしたり，自分で実施したりする中で，運営力全般が身に付きましたし，教える力が付いていき，今に至ります。また，教え方については，講座等も受講し，自発的に学んで身に付けました。

⑦メディア露出のため

　『図書館員のためのPR実践講座』（仁上幸治，樹村房）にもあるように，図

5　"幼稚園，小学校，中学校，高等学校及び特別支援学校の学習指導要領等の改善及び必要な方策等について（答申）【概要】" 文部科学省Webサイト．http://www.mext.go.jp/component/b_menu/shingi/toushin/__icsFiles/afieldfile/2016/12/27/1380902_1.pdf．（参照 2017-08-23）．

書館のPRは非常に重要です。これが弱かったがために，現状の苦境を招いてきました。イベントをPRすることで，図書館のPRにもつながります。図書館で働く人の中には控え目な方も多く見られますが，ぜひ積極的に自館をメディアに露出させていきましょう。とはいえ，本の貸し出しをしているだけでは記事にしてもらえません。何か「話題性」がなければ，当然記事やニュースにはならないでしょう。話題提供の意味で，イベントは最適です。

メディアに掲載してもらうとして，そのためには，相手の気持ちをまずは考えなければなりません。記者さんたちは，常にネタを探しています。良好な関係を築き，良いネタが提供できれば，win-winな関係でメディア掲載してもらえるようになります。向こうから，「何かありませんか？」と聞きに来てくれるようになります。

メディアを見る人たちが喜びそうなイベント・企画が開催される，ということで，初めて記事になります。イベントの告知をしてくれたり，取材に来て，開催記事にしてくれたりします。掲載されやすくするためには，時流に合った，斬新な，キャッチーなイベントを開催していけば良い訳です。

⑧コミュニティ生成のため

10章でも詳しく述べますが，イベントで人を集め，人と人との交流を生み，コミュニティをつくっていくことができます。これが最終的なゴールといえます。コミュニティをつくるためには，まずは人を呼ぶ必要があり，その呼び水としての企画開催が必要です。

短期的視点と長期的視点

このような取り組みは，短期的には，なかなか効果の実感はしづらく，効果の測定も難しいかもしれません。短期的な視点と長期的な視点は，両方とも必須です。人間はつい，目の前の利益の方が将来の利益よりも多いように見積もってしまいます。これは，行動経済学の用語で，「双曲割引」と言われる心理です。『誘惑される意志』で，ジョージ・エインズリーは，「遠くの大きな報酬より目先の小さな報酬を選ぶのが人にとっては自然なのだ」「ヒトも下等動物も直感的には，将来のできごとを期待される待ち時間に反比例して評価する」

と述べていますので,自然なことではあります[6]。

しかし,短期的に楽な方ばかりを選んでいると,遠い将来,もっと大変な結果を招くことになります。図書館業界全体がこの数十年歩んできたのが,まさにその道です。

企画実施は,短期的な利用者増と共に,長期的な利用者を増やすことのできる取り組みです。長期的に図書館の存在価値を上げなければ,皆さんの図書館員としての仕事がいずれはなくなってしまいます。また,財政難の自治体・学校法人から,図書館そのものがなくなることになってしまいかねません。国民の知る権利を守るために,責任ある立場に,今私たちはいるのです。

実際の現場における苦境

イベントに対する,図書館員の声を聞くと,「何から始めたら良いのかわからない」「通常業務で忙しい」「予算がない・少ない」「イベントは図書館の本務ではない」……といったとこを聞きます。

それぞれの職場によって,さまざまな制限があることは理解できます。しかし,言ってしまえば,いずれも言い訳にすぎません。筆者たちは,自分の本業以外に,ボランティアとして,たくさんのイベントを実際に成功させています。元々ノウハウがあった訳でもありません。あくまで,本業の他に,やっていることです。時間や予算が潤沢な訳でもありません。本業として図書館に携わる方でしたら,もっとプロとしてできることは多いのではないでしょうか。これまでやってこなかったとしても,本書のノウハウとやる気さえあれば,大丈夫です。ぜひ司書の専門性を生かした企画を実施していってほしいです。

図書館のイベントとは？

「イベント」とは,『日本国語大辞典』（小学館）によると,「出来事。行事。

---

6 ジョージ・エインズリー『誘惑される意志：人はなぜ自滅的行動をするのか』NTT出版,2006,p.61, 73.

展覧会，コンサート，見本市などの各種の催し物，また，大きな事件などを広く含めていう」とあります。

そういう意味では，企画展示や事業等も，広義の意味でのイベントと言えるでしょう。本書では，いわゆる企画全般を指した意味で使います。本と人とをつなげる試みすべてを，イベントと定義させていただきます。

一言でイベントといっても，奥深いもので，意外とさまざまな役割・効果があります。『イベント運営完全マニュアル』（髙橋フィデル著，飯塚書店）によると，「メディアのもっとも進化した形が「フェイス・トゥ・フェイス」という，人と人とが顔を合わすことで情報が発信され，交換されることだといえます。そして，このメディアの代表こそが「イベント」なのです」[7]とあります。イベント自体が，PR機能をもつということですね。

確かに，人からの情報を発信する場ですね。やはり，地域の情報ステーションとして，人からの情報を発信していくことも図書館の使命なのではないでしょうか。イベントの中で人の心に変化が起こり，成長があります。

イベント実施の難易度

イベントにはさまざまな種類のものがありますので，実施における大変さ別に整理してみましょう。ここでは，予算や設備における難易度ではなく，人的資源として，手間がどれだけかかるかによって分けてみました。

資料2．人的リソース別イベント種類

一人でもできる	数人の人員で可能	多くの人員が必要
おはなし会，ブックトーク，読書会，ビブリオバトル，まちライブラリー・ミニセミナー，企画展示，古本交換会，図書館ツアー・ガイダンス，スタンプラリー，赤ちゃんタイム，エコノミックガーデニング	講演会，パネルディスカッション，映画会，演奏会，落語会，移動図書館，工作会，手芸会，詩や短歌等のコンクール，ポップコンテスト，本の福袋	大規模講演会，ぬいぐるみお泊り会，工作会，手芸会，ワークショップ，こども司書・職場体験，コンサート，ボランティア養成，まちじゅう図書館，図書館お泊まり会

---

[7] 髙橋フィデル『イベント運営完全マニュアル』飯塚書店，2013，p.12．

イベントの良し悪しとは

　まだイベント実施がない・少ないということでしたら，まずは始めるのが第一段階です。イベント開催されているのでしたら，次に考えなければならないのは，「どのようなイベントが良いのか？」ということです。より良いイベントを考える際の指標になるのは，先述の観点です。
　　①新規顧客の獲得を目指せるイベントか？
　　②図書館の運営方針に沿ったイベントか？
　　③図書館評価数値向上につながりそうなイベントか？
　　④課題解決型のイベントか？
　　⑤参加者の主体的学びを促せるイベントか？
　　⑥図書館員の成長につながるイベントか？
　　⑦メディアにアピールできそうなイベントか？
　　⑧コミュニティ生成につなげられるイベントか？
　本書のタイトルから矛盾するかもしれませんが，イベントをすることは，ゴールではなく，スタートです。
　長期的な視点から考えると，単純なおはなし会や講演会等のような，いわゆる図書館らしいイベントだけでは，新規顧客の獲得につながりにくいです。また，一方向的なサービスでは，コミュニティの形成につながりません。
　ぜひ，既存の企画にとらわれず，柔軟な発想をしていただきたいです。

実際の現場の声

　現場で働く図書館員の皆さんに，SNSやメーリングリスト等でアンケートのご協力をお願いしました。
　アンケートの「イベントを実施して良かったことは何ですか？」という質問から抜粋した，実際の現場の皆さんの声です。
　　・入館者数が増えたこと
　　・参加者がそれをもとにさらに自分で勉強しようとしてくれたこと

- 普段図書館に来ない生徒が図書館を訪れて，生徒同士の交流が生まれること
- 講演会なので普段会えない作家さんに直接会えて嬉しい。もちろん利用者さんにも喜んでもらえるので，さらに嬉しい
- 実施後のアンケートでお褒めの言葉をいただいたこと
- イベントに参加した学生にキャンパス内で会えば挨拶も返ってくる
- イベント実施についてのスキルやノウハウが身に付いたこと
- イベントとは図書館と利用者を，利用者の情報を，利用者と利用者をつなぐ節のようなものだと実感できたこと
- 図書館のファンが増えること
- 利用者と関わることができ，ニーズを生の声で聞くことができた
- 普段来館しない生徒が来てくれる
- 人脈が増えた

いかがでしょうか，実際の経験者の感想に勇気づけられるのではないでしょうか。

それでは，本章にてイベント実施の意義をご理解いただいたうえで，次章では，企画実施をするために必要なスキルについて見ていきましょう。

図書館員の地位向上のために
スキルアップでの生き残り戦略

　イベントを企画・運営するにあたり，必要になるスキルを細分化して見てみましょう。ご自身の強み・弱みについて把握してください。そして，スキルアップの必要性についても理解していきましょう。

企画実施に必要なスキルとは

　企画を実施するには，次のような大まかな流れがあります。
　まず，企画のアイデアを考え，発想します。そして，企画実施の承認を得て，講師の方や外部団体等との調整を図ります。チラシ・Web等でのPRを行い，集客をします。当日は，司会進行やファシリテーションをします。企画実施後は，その報告・レポートをつくります。

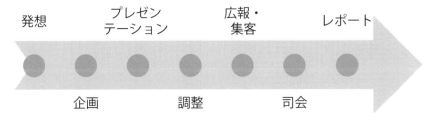

企画発想から実施への流れ

　以上の流れの中で，効果的な企画を推進していくために，企画実施者に必要になるのは，下記のようなスキルです。

> アイデア発想力・企画力，コミュニケーション力，ロジカルシンキング力，プレゼンテーション力，デザイン力，広報力，リーダーシップ力，マネジメント力，ファシリテーション力

　いずれも，従来の司書養成課程や研修では教わっていない分野です。一般的なビジネスパーソンに必要なスキル，いわゆるビジネススキルが多いですね。それでは，図書館員は，ビジネスパーソンではないのでしょうか，社会人ではないのでしょうか。当然ながら，社会人の一人であるはずです。今ビジネススキルが足りていないのであれば，ぜひ今後磨いていきましょう。

　基本的には，上記スキルを一通り全て備えていることが理想です。ただ，最初から全てできる人は少ないはずです。もちろん，スキルを身に付けるまで待っている訳にはいきません。まずは，職場の人たちで力を合わせることも必要でしょう。チラシを作るのが得意な人が，そこを担当する。比較的人前で話すのが得意な人は，当日の司会を担当する。このような役割分担をすることも効果的です。

これから必要になるスキル

①アイデア発想力・企画力
　まずは，どんな企画を実施したら良いか，というアイデアを考える必要があります。もちろん，定例化しているイベントも良いのですが，それだけという訳にはいきません。利用者が抱えている課題が変われば，それに合った企画を考える必要があります。もっと喜ばせたい層や，呼びたい対象者を引き付けられる案を発想しましょう。

②コミュニケーション力
　企画を進めていく中で，職場内での意思疎通も必要ですし，外部との連携や講師をお呼びしたりする際に必要になります。当日の接客でも必須ですので，こればかりはないとどうにもなりません。
　前提には，他者理解や伝える力が必要です。自分以外の人に，気持ち良く動いてもらうのが目的です。
　そもそも，カウンター業務等の通常業務でも，基本的に必要なはずです。

③ロジカルシンキング力
　論理的思考力，とも言えます。「論理的」というのが，バックグラウンドの違う人間同士の唯一の共通言語です。前出のコミュニケーション力や次のプレゼンテーション力の前提になる，基本です。話の流れや，つながりに矛盾のないことが求められます。伝える力の基本ですね。

④プレゼンテーション力
　まずは，企画を通す際に必要になります。また，イベントの中での発表や，説明する際に，多くの人にわかりやすく伝える力です。論理的であることに加え，話し方やアイコンタクト，身振り手振りによっても，伝わり方に違いがでます。

⑤デザイン力
　プロのデザイナーではありませんので，そこまでのクオリティが求められるわけではありません。しかし，世間のニーズとして，おしゃれなものへの評価が高い昨今です。ポスターやチラシ，展示があるようでしたら，ディスプレイ

等，スタイリッシュを心掛けることで，企画自体のイメージが上がります。また，図書館そのものの，ブランディングにも貢献します。

手作り感の強い展示もよくみかけることがあります。暖かみはありますが，偏りすぎてしまうとそれと比例しておしゃれ度は下がることが多いので，そこは考えものです。

⑥広報力

どうしても，待ちの姿勢の図書館が未だ多いように思います。せっかく企画したイベントの情報を，必要な人に届けなければなりません。どのようなタイミングで，どのような媒体を用い，どのように表現するか，が大事です。その中で，キャッチコピー等の文章力や，SNS等を使いこなせるITスキルも必要になります。

⑦リーダーシップ力

小さなイベントではともかくとして，ある程度の規模となると，誰かが，そのチームを引っ張っていく必要があります。ビジョンを示しつつ，仲間のモチベーションを上げつつ，企画推進していきます。最終判断や責任を負う覚悟もいります。

⑧マネジメント力

リーダーシップとも多少重なりますが，企画立案からスケジューリング等の推進に必要です。イベントのマネジメントは，役職が上の人がやらなければならない，という訳ではないです。そのイベントへの権限を得て，しっかりと計画を立て，守ることが必要です。

⑨ファシリテーション力

ファシリテーションとは，特にグループワーク等のワークショップ型イベントでは必須となる力です。通常イベントでも，参加者の誰もが心地良い場をつくり，盛り上げます。そして，さりげなく，人をつなげていく力です。コミュニティを形成していくうえで，必須の力です。

もちろん，全てのスキルがないとイベントができない，ということではありません。まずは，イベントを実施していくことが重要です。イベントを実施する中で，上記スキルがどの程度備わっているのか，ご自身で確認してみてくだ

さい。次のレーダーチャートで，自己採点して，スキルのバランスについて，確認してみてください。

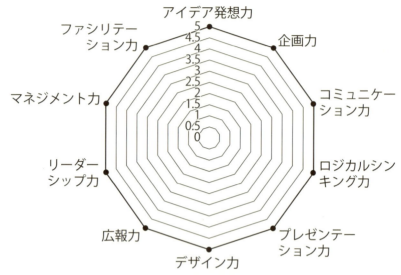

レーダーチャートで測るスキルのバランス「大きな円を目指そう！」

書籍でのスキルアップ

　足りないスキルがあるとして，それでは，スキルアップするために，どうしたらよいのでしょうか。
　これは一般の，ビジネスパーソンの場合と一緒です。まずは，ビジネス書を読みましょう。図書館には，当然ながら，さまざまな実用書があるはずです。
　自分に足りていないスキルを補えるビジネス書を読みましょう。例えば，論理的に話すのが苦手なのでしたら，ロジカルシンキングの本はたくさんあります。図書館員は資料が手近にあって入手しやすい，読解力が高い，という点で一般のビジネスパーソンよりも有利です。課題解決型図書館の実現のためには，課題解決型読書が必要です。ぜひ，図書館員自らが，書籍での課題解決を実践してください。

研修・セミナー受講

　世間にはスキルアップのセミナーがたくさんあります。業界内で良く実施される，知識を増やすための研修も良いですが，知識だけではなく，スキルが向上するような研修も受けましょう。検索サイト等で，必要なスキルや日程・地域等で探してください。たくさんあるはずです。

> 能力＝知識×技能×姿勢

　人の能力とは，知識×技能×姿勢という掛け算です。まず，「姿勢」についてです。やる気がない人については，論外ですので，ここではおいておきます。また，この本を読んでいらっしゃる方は，姿勢には問題ないかと仮定します。「知識」を磨いている方は，比較的多いように見受けられます。ただ，この業界では，頻繁に研修に参加されている方も，知識の収集に偏っているように見えます。せっかくの知識も，自分の中に貯めておくだけでは，意味がありません。その知識を使いこなせる「技能・スキル」を磨きましょう。

足りないスキルは？

　それでは，自分にどんなスキルが足りないのか，どうすれば把握できるでしょうか。これを知るためには，実際にやってみるしかありません。例えば，企画を考え始めたものの，なかなか思い浮かばない。そのような場合，アイデア発想法関連の書籍を読んだり，アイデア発想のワークショップに参加したり，といったことです。

　少しずつでも，このようなことを繰り返していくことです。実行していただければわかりますが，成長することで，また次の課題が見えてきます。

本当のスキルアップのために

　上記のように，書籍やセミナーからスキルアップを図るとして，学んだだけでは駄目です。学んだことを実践してみる，ということがいちばん大事です。一般的に，学んで終わり，という人が非常に多いです。何か学んだら，翌日には，少なくとも一つは行動してみるようにしてください。
　以前，筆者の研修で，「起承転結」ではなく，「結起承」で話すトレーニングをしたことがあります。この研修を受けた参加者から，「以前受けたロジカルシンキングの研修は，その場限りという印象だった。今回は，既に翌日からの出勤時に「結・起・承」で報告するなど，活用できる内容だった」という感想をいただきました。
　このように，"すぐに使う"という姿勢が非常に大事です。使うことで学びが定着し，また新たな学びにつながります。

> 書籍・研修からの学び→実践→気づき→学び

図書館員の待遇を上げたい

　筆者が図書館で働いていない人と名刺交換をする時，良く驚かれます。「図書館員への研修ですか?!」と言われることが多いです。その背景にあるのは，「図書館員に研修なんて必要なのか」という一般人の疑問です。カウンターでピッとして，本の片付けをしている（ようにしかみえない）人に何の研修がいるのか，というのです。また，一般の人が参加する研修に図書館で働く人が，参加していないことも原因でしょう。世間一般からは，そう思われているのが，残念ながら現状です。
　このような背景があるがゆえに，図書館員の待遇向上につながりません。この逆境から抜け出すために，スキルアップが必要なのです。

変化する喜び

　人間は基本的に変化を恐れます。それは本能であるので仕方ありませんが，これだけ世の中の変化が激しい中で，変化しない事は衰退です。そのような危機感を持っていただきたいです。
　また，変化は決してネガティブなものではありません。成長することで，自分ができることが増えます。自分ができることが広がり，より良い仕事ができるようになります。自分が社会に貢献できることが広がることは，自分がいちばん嬉しいものです。
　成長の難しい組織に所属している方も多いかと思います。硬直化した社会・組織は，トップダウンでは，なかなか変わりません。旧態依然とした組織であっても，あなたが変わることで変えていくことができます。ボトムアップで変革を起こしていきましょう。

図書館員はどうやって生き残るのか

　あなたが，図書館員としての仕事を大事にしているのであれば，ぜひ今後の生き残りを考えてください。
　自動貸出機，自動出納書庫，ロボット司書……。テクノロジーや技術，人工知能の発達によって，人間の必要性は確実に減っていきます。これは図書館業界に限ったことではありません。人間にしかできない仕事は何なのか，自分にしかできない仕事は何なのか，を追求していきましょう。AIでは生み出せないような斬新な企画を，ロボットにはできない機微を働かせて成功させていくのは，人間ならではの仕事ではないでしょうか。
　業界の現状については，客観的に厳しくつかみつつ，それでも前向きに未来をつくっていきましょう。

4 全国の先進的イベント事例
驚いてはいられない

まずはイベントの現状を知っておくことが必要です。本書では各地の図書館でどのような企画が実際に行われているか，見ていきます。ぜひ参考にしてみましょう。全てを網羅することはできませんが，新規顧客獲得に有益と考えられるイベント事例を中心に，いくつかご紹介します。

ウィキペディアタウン

ウィキペディアタウンとは「その地域にある文化財や観光名所などの情報をインターネット上の百科事典ウィキペディアに掲載し，さらに掲載記事へのアクセスの容易さを実現した街（町）のことである」とウィキペディアにあります[8]。

---

[8] "ウィキペディアタウン" フリー百科事典ウィキペディア．https://ja.wikipedia.org/wiki/ウィキペディアタウン，（参照 2017-08-23）．

「Wikipedia Town MAGOME」フィールドワーク

　全国各地で開催されています。必ずしも，図書館で開催しなければならないという訳ではありません。ただ，大変図書館との相性が良いイベントです。ウィキペディアに掲載する際に，その情報の出典を明らかにして掲載するからです。調査を始めてみれば，インターネットの検索エンジン等では不十分だと，気づくはずです。参加者の情報リテラシーの啓蒙につながります。

　筆者も大田区立馬込図書館で開催された「Wikipedia Town MAGOME」に参加してきました。講座ではまず，「ウィキペディアタウン」について，さらにウィキペディアの編集について講義を受けます。

　3班に分かれ，各テーマについて調査を行うということで，フィールドワークに出発します。筆者たちの班は「馬込の城」についてです。

　本来なら初歩的な資料収集に時間がかかりますが，図書館職員さんに書籍資料を，学芸員さんに詳細な地域資料を準備していただいたことで，私たち参加者は予備知識を得て探索ができました。そして石碑の文字や地形を実感しながら，楽しく共同作業ができました。

官能小説朗読ライブ[9]

　これは，かなりインパクトのある飛騨市図書館の企画であり，導入の決断が素晴らしいです。イベントの告知があった段階から，大変話題になりました。

　告知をしたTwitterの投稿（2016年8月5日）だけでも，リツイートが多くあります。その後も新聞等のメディアに掲載され，さらに注目が広がります。当日は市内外から70人以上が集まったとのことで，開催情報もメディアに取り上げられ，テレビ番組にも出演しています。ほぼ前例がないのと，キャッチーであることと，良い意味で世間を賑わせてくれた事例です。

　ちなみに，飛騨市図書館はイベント一つ一つに工夫を凝らしており，参考に

官能小説朗読ライブのポスター
　　　（提供：飛騨市図書館）

春のホンまつりポスター
　　　（提供：飛騨市図書館）

9　"飛騨市図書館で官能小説朗読ライブ　市内外から70人，市長も駆け付け"飛騨経済新聞．https://hida.keizai.biz/headline/802/，（参照 2017-08-25）．

なります。例えば，写真の「春のホンまつり」は，本を借りてスタンプを集めると，しおりがもらえるという企画です。

内容は目新しくなくても，某CMキャンペーンを連想させるネーミングとポスターデザインが面白いです。

東京・学校図書館スタンプラリー

学校の夏休み期間を利用して，中学・高校の学校図書館を一般に公開するイベントです。小中学生とその保護者，高校生，教職員，図書館関係者，地域住民や学校図書館に関心を持っている人を対象に公開しています。

2016年で5回目，26校での開催だったそうです。この期間中，参加校ではさまざまなイベントを行い，参加者数は865名となりました。単に学校図書館を公開するだけではなく，学校図書館の特色が現れるような各種イベントも行

東京都立小川高等学校でのスタンプラリーの様子（提供：東京都立小川高等学校）

っています。しおり作り，ブックカバー作り，和とじ本作り，英字新聞でのエコバッグ作り，モビール工作，バスボム（入浴剤）工作，豆本工作といった多様な体験活動や東京都立多摩図書館児童青少年係と連携した「小中学生向けブックトーク」実演，書店と連携した「書店員による POP 作り教室」，ビブリオバトル，英語科の教諭と連携した「英語多読体験」等を行っています。

　参加してくれた小中学生の中には，スタンプラリーをきっかけに学校図書館や読書に親しみを持つようになってくれた子もいました。進学後に図書委員として積極的に学校図書館運営に関わってくれた例もあるそうです[10]。

足立区立やよい図書館 LINE スタンプの販売

　図書館総合展での，キャラクターグランプリがあるように，キャラクターを設定している図書館も多いのではないでしょうか。足立区立やよい図書館では，キャラクターを公募したそうです。そして選ばれた，「にゃよい」が館内のさまざまなところで活躍しています。また，「ちゅお&にゃよい」として，LINE スタンプの販売をしています。運営受託会社の同じ足立区立竹の塚図書館でも，同様にキャラクター「たけピコ」のスタンプ販売をしています。稼いでくれるゆるキャラというのは良いですね。

図書館"らしくない"イベントの勧め

　その他にも取り上げたいイベントはたくさんありましたが，紙面の関係上難しいため，巻末の参考文献も参照してみてください。
　いかがでしょうか。図書館でできるイベントは，本当にさまざまな種類があるのではないでしょうか。図書館にはありとあらゆる種類の資料があります。

10　杉山和芳 "CA1892 学校図書館をひらく：東京・学校図書館スタンプラリーの試み" Current Awareness Portal. http://current.ndl.go.jp/ca1892，（参照 2017-08-25）．
　　東京・学校図書館スタンプラリー．http://tokyohslib.ehoh.net/，（参照 2017-08-25）．この他，Twitter（https://twitter.com/tokyohslib）や Facebook（https://www.facebook.com/tokyohslib）のアカウントもある。

LINE STORE でのキャラクタースタンプ販売ページ[11]
（提供：竹の塚地域学習センター 竹の塚図書館，足立区立やよい図書館）

ということは，どんなイベントも本と絡めることができるということです。できないイベントはないはずです。むしろ，図書館らしくないイベントを実施した方が，新規顧客の獲得には有効です。

---

11 竹の塚地域学習センター 竹の塚図書館，足立区立やよい図書館 "ちゅお&にゃよい" LINE STORE. https://store.line.me/stickershop/product/1245516/ja，（参照 2017-08-25）.

図書館先進国アメリカ
ニューヨーク公共図書館のイベント事情と事例

　この章でもやはり，イベント事例を見ていきましょう。前章では，国内の事例でしたが，本章では，アメリカの事例について，見てみます。やはり，今後の参考にしていきたいですね。

桁違いのイベント数

　アメリカの図書館の実状としても，やはり利用者の減少という課題を抱えているそうです。それへの対策として，やはりイベントの開催を増やすことで利用者の獲得を目指しています。
　例えば，ニューヨーク公共図書館[12]を見るだけでも，日本の多くの図書館と比べて桁違いの数のイベント開催がされています。
　同図書館のHPには，「ニューヨーク公共図書館は，著者の講演や公演から

12　New York Public Library. https://www.nypl.org/, (参照 2017-08-25).

展覧会まで，92か所にわたって年に9万3,000件の無料プログラムを提供しています。好きな作家に会い，ライブコンサートを聞いたり，図書館で新しいものを見つけたりしてください」とあります。

　1か所あたり平均して，年間1,000企画以上ですので，毎日3企画程度は実施されているという，驚きの数字です。

多種多彩なイベント

　NYPLのサイトでイベントの検索をすると，2017年6月現在募集中のものが，6,270件ヒットします。その中でも，イベントタイプ別にみると，読書会が230件，読み聞かせが1,347件，ゲームが550件，映画ビデオ会が327件と，日常的に当たり前に存在していることが伺えます。また，特徴的なのは，ワークショップが2,708件，交流が269件と，コミュニティ生成に力を入れていることがわかります。タイプカテゴリには，「ホームレスのためのプログラム」や「自閉症児のためのプログラム」といったタイプもあり，内容も幅広く，社会課題に対して正面から解決に向き合っています。スペイン語や中国語等の読書会もあり，多言語対応されています。

①マンガクラブ：Manga Club
　毎週開催しているとのことで，募集案内には「Otakus unite! A club to discuss your favorite manga and watch anime.」「オタク集まれ！あなたの好きなマンガやアニメを語るクラブです」とあります。堂々とマニアックな趣味を呼びかけています。同じ興味の仲間ができそうで，良いですよね。

②ティーンズのためのライティング：Creative Writing For Teens
　「十代の若者が集まって読んだり，ゆったりした環境で本について話したり，書くためのインスピレーションを得たりするクラブ」ということです。参加者の興味に応じて，毎週活動が変わることがあるそうです。言葉を書く楽しさを大事にする，という趣旨に図書館という場を使うのはぴったりですね。

③ネクストチャプターブッククラブ：NYPL INNOVATION PROJECT Next Chapter Book Club
　「ネクストチャプターブッククラブは，知的障害および発達障害を持つ人々

がコミュニティの中で読んで，学び，友達をつくる機会を提供します。グループで決まった時間に本を読んで話し合う伝統的なブッククラブではなく，グループが毎週集まり，参加者はあらかじめ渡された本を読んできます。読書のレベルにかかわらず，誰でも参加できます」とあります。

④出版前の本が借りられる特別企画：Summer Reading Book Swap

夏だけの特別イベントということではありますが，図書館に来て，この夏に出版される本について聞くことができるそうです。なんと，出版されるよりも先に，その本を借りることができます。

その他イベント事例の一部も，次ページに表にまとめてみましたので，参考にしてみてください。

時流に合わせて変わる図書館

いかがでしょうか，イベントの量もさることながら，内容の多様さには驚かされます。数年前にニューヨーク公共図書館について書かれた菅谷明子氏の『未来をつくる図書館』（菅谷明子，岩波書店）を読んだ際には，衝撃を受けました。その後も，さらに時代に即して変容を遂げています。『未来をつくる図書館』が出版された2003年から，日本の図書館はどれだけ変われているのでしょうか。

アメリカ図書館協会では，「Library transformation」（図書館の変容）を掲げています。図書館が変わろうと努力していることが伺えます。改めて，日本の現状と比較していただきたいです。

資料3. ニューヨーク公共図書館の主なイベント事例（2017年4月）

対象者	イベント名	内　容
一般	コンピューター・ベーシック・ワークショップ	キーボード，マウスの使い方，eメールやインターネットの検索を学びます
	クリエイティブ・ライティング・クラブ	創造的な文章の作成を学びます。自分たちの仕事を磨くために活動しています
	アダルト・カラーリング・クラブ	このプログラムは大人が素敵な絵を描くことを可能にし，創造力を広げて表現する楽しいユニークな方法を提供します。さらに，実際にストレスを軽減することができます
	大人向けチェス教室	あなたが初心者であろうとより高度なプレーヤーであろうと，より良いチェスプレイヤーになる戦略を学ぶことができます
	女性の健康	一般的な健康リスク，スクリーニング，健康的なライフスタイルのヒントについて学びます
ヤングアダルト	フリー・アート	クリエイティブになろう！　好きなものをなんでも描いて，色を塗ろう。材料はすべての無料です
	日本語のカタカナの読み方	アニメやマンガ好きの方は，日本語を習得したいと思うかもしれません。日本語には三つのアルファベットがあります。このセッションでは外国語が日本語で書かれたカタカナを学びます
	マンガの描き方	自分のキャラクターを描く方法，あなたの物語を描く方法などを学びましょう！　すべての資料が提供されます。13歳から18歳まで
ビジネスパーソン	投資ワークショップ	ビジネスでの経験を通じ，古代バビロン寓話の中から金融の簡単な教訓を学びます
	お金について，債券の基礎	債券の研究を行っています。基本的な債権の情報と公開Webサイトを紹介します
	就職活動と履歴書の書き方	公共のサイトを利用して職業を調べます。業界やキャリアについてアドバイスを見つけることができます
小学生	コンピュータを学ぼう	5歳から12歳までの子供と両親のためのコンピュータとインターネットの紹介
	成長と健康的な食育	「成長と健康的な食育」のカリキュラムです。子供とその両親に食生活の重要性を教育することが目的です
	レゴクラブ	LEGO® ブロックで好きなものを作ってください！　5歳以上の子どもにお勧め，ワークショップは無料です
	キッズ・ホームワーク・ヘルプ	宿題を完成するのが難しいですか？　算数の問題が解けない？　読書や作文に苦しんでいる？　私たちはあなたを助けに来ています！
幼児	音楽と体操	歌って，踊ってください。私たちのプログラムはダイナミックでインタラクティブなので，楽しみながら参加できます。1歳から5歳まで
高齢者	高齢者のための歩行者安全	高齢者の歩行者の死亡を減らすために懸命に取り組んでいます。このワークショップでは，高齢者に交差点のリスク，安全上のヒント，および安全ツールを教えます
	高齢者向けシェイクスピア演劇	シェイクスピアの読書，記憶，演技の喜びと挑戦に取り組む！シェイクスピアの希望と喜びを掘り下げます。演技の経験は必要ありません！

6 イベントアイデア発想法
発案から企画化まで

　さて、いよいよ本論となります。企画の生み出し方，つくり方の実践的ノウハウをご紹介していきます。この後の7・8章と共に，しっかり身に付けていただきたいです。読むだけでなく，読んだ後に，実際にやってみましょう。

自分だったら，どんなイベントに参加したいか？

　極端な話，ケーキを食べたことがない人が，ケーキを作ることはできません。ケーキの美味しさを知らずに，それを再現することはできないはずです。また，どんなケーキが美味しいのか知らずに，そのケーキの良し悪しを判断することもできません。

　まずは，何でも良いので，自分の興味のあるイベントに参加してみましょう。参加したら，どのような参加者が集まっているのか，観察して傾向をつかみましょう。受付や進行等の運営がどうなされているのかも，チェックしましょう。できれば近くの参加者に話しかけて，「そのイベントへの参加動機」や「どう

いうイベントに興味があるのか」等を聞いて，市場調査できると良いですね。イベントが終わったら，主催者の方や講師の方と名刺交換してください。もし少しでもお話しする時間があれば，自分のところでも同様のイベントをやってもらうことはできないか，軽く打診しておきましょう。

イベントの対象者は誰？　ターゲットは絞ろう

まずは，誰のためのイベントなのかを考えましょう。

近年のマーケティングでは，例えば「20代女性」では広すぎるターゲットとされています。それだけ，現代は人々の価値観が多様化しているからです。「さまざまな人に来てもらいたい」では，ターゲットがぼやけてしまいます。「みんなに来てほしい」は結局「誰も来ない」につながってしまうのです。

また，イベントは実施することが目的ではありません。利用者を呼ぶ，役に立つ，喜ばせることが，本来の目的ですので，その対象者を特定しなければなりません。誰を図書館に呼びたいのか，改めて考えてください。自館の運営方針は何でしょうか。それに対して，呼べていないのはどんな人なのでしょうか。

子供むけなのか，親子なのか，ティーンズ・ビジネスパーソン・高齢者向けなのか？　思い切って決めてください。公共図書館では，「〇〇だけ」というイベントは実施しづらいかもしれません。しかし，「小学生向けのイベントですが，どなたでもご参加いただけます」等とすれば問題ありません。つまり，メインターゲットを誰にするのか，を絞っていただきたいのです。メインターゲットを呼んだうえで，色々な人にきてもらう，というのであれば，それは構いません。

アイデアのつくり方

①ペルソナの設定によるアイデア発想

仮想顧客のことを「ペルソナ」と呼びます。ペルソナの詳細な属性を決めましょう。『バリュー・プロポジション・デザイン』（アレックス・オスターワルダーほか著，関美和訳，翔泳社）にもあるように，特定の誰かを具体的に設定

します。メインターゲットである架空の誰かの名前，年齢，住所，職業，趣味，家族構成等を決め，その人のためだけの企画を考えます。「たった一人のため？」と思われるかもしれませんが，たった一人すら喜ばすことができないようではだめだからです。

②組み合わせによるアイデア発想

『アイデアの作り方』（ジェームス・W・ヤング著，今井茂雄訳，CCC メディアハウス）にもあるように，アイデアというのは，既存のアイデアとアイデアの組み合わせです。

アイデアには発酵期間も必要です。街を歩いていても，問題意識さえあれば，アイデアが湧いてきたり，飛び込んできます。目に入るものと，図書館・本とつなげられないか，常に考えましょう。

③情報収集

アイデアが浮かんだら，同様の事例はないか，参考にできる点，真似できる点はないか，調べてみましょう。もちろん，誰もやったことのない，まだこの世にない企画は素晴らしいですが，いきなりは難しいかもしれません。もし似た企画が既にあるのであれば，躊躇なく真似しましょう。イベントに著作権はありません。良いものは取り入れ，アレンジできることは応用させれば良いの

イベントサイト事例	イベント関係書籍
・セミナー情報ドットコム（https://www.seminarjyoho.com/） ・こくちーず（http://kokucheese.com/） ・Peatix（http://peatix.com/）	・『人が集まる！行列ができる！講座，イベントの作り方』（牟田静香著，講談社，2014 年） ・『学校図書館が動かす読書イベント実践事例集』（牛尾直枝，高桑弥須子編著，少年写真新聞社，2016 年） ・『はじめよう学校図書館 9 読書イベントアイディア集』（高見京子著，全国学校図書館協議会，2014 年）

です。また，先例があるのであれば，問い合わせをして不明点等を聞いてみましょう。また，見学させてもらうのも良いでしょう。

　Webや書籍からもイベント実践方法について学べます。市場調査やアイデアを得るために，イベントサイトや関係書籍を見てみるのもお勧めです。

④人脈も活用しよう

　何か企画する際，誰かに依頼をする，相談をお願いすること等はよくあります。その際に，誰に頼んだら良いのか，また誰だったら適当な人を紹介してくれるのか，リストがある方が良いですね。普段から人脈を広げておくことを強くお勧めします。情報というのは，本やデータベースだけではありません。人も非常に大事な情報源です。ネットにもどこにも載っていないけれども，人に聞けばわかることもたくさんあります。図書館員が情報の専門家であるのであれば，人の情報も積極的に集めておきましょう。

　未だに，名刺を持っていない方にお会いすることがあります。組織で作ってくれない，というのも聞きます。であれば，プリンタで印刷できる名刺用紙で作成しましょう。人間一度くらいでは，名前を覚えられないのが普通です。また，名刺交換しただけでも，それだけで終わってしまいます。Facebook等でつながっておけば，その後の人間関係の形成ができます。

予算と参加費

①無料でもできる!?　講師予算について

　予算がないからできない，というのは言い訳にすぎません。お金をかけなくとも，できる企画はたくさんあります。私たちは，講師の方に企画をお願いする際には，無料〜お車代程度の謝金でお願いしています。

　自信を持っていただきたいのは，よほど有名な先生でもなければ，公共図書館での講演等は，講師の方にも喜ばれます。やはり公共施設ですし，講師の方の実績になるからです。むしろ，場所代・会議室使用料を支払わなくて良いのか，心配されたりします。

　また，企画には，絶対に講師が必要とは限りません。図書館スタッフの趣味や特技を生かして，自分たちが講師になっても良いのです。

②**参加費について**

「図書館無料の原則」はありますが，材料費等がかかる企画については，受益者負担が公平ではあります。とはいっても，実際はお金の受け渡しの手間があります。図書館の収入にはならない構造もあります。

民間では，基本的には無料セミナーはご法度と言われています。無料イベントには，無料なりの客層が集まるので，クレームが増えやすい傾向があるからです。公共図書館では難しい現状もあるでしょうが，上記の一般常識は頭に入れておいてください。

また，念のためお伝えしたいのは，参加費が無料だからといって，内容が悪くて良い訳ではもちろんありません。参加者は時間をかけてくれています。例えば，2時間のイベントでしたら，参加者はその時間と往復の移動時間をかけてくれています。人の時間というのは，命そのものです。参加者が50人いたとしたら，50人×2時間分の命を預かっているつもりで，運営してください。

いざ企画！

①**タイトルはとっても大事**

ほとんどの参加者は，参加するかどうか，タイトルで決めます。墨田区では，行政報にしても，HPにしても，わずかな情報しか載せられません。区報の原稿も，広報課で編集され，削られてしまうのが通常です。同様の自治体も多いはずです。しかし，タイトルは削られることはありませんので，できるだけ長いタイトルにしましょう。区報では，長いタイトルだと，掲載欄が広がり，より目立つようになります。サブタイトルも効果的ですので，積極的に使いましょう。

「誰のための」「どんなメリットがある」イベントなのかが，タイトルだけで伝わるようにしましょう。タイトルで伝えたいことは，とにかく「役に立ちそう」「楽しそう」「友達ができそう」といったことです。

タイトル付けにどうしても困ったときには，メインターゲットに聞いてみるのがいちばんです。

また，人の関心を引くためには，流行っているものを使った方が効果的です。

流行りの映画・テレビ番組・曲・CMや話題のニュース等は把握しておきましょう。また，良く言われることではありますが，流行りとキャッチコピーを一度に学べるのは，週刊誌の見出しです。意識的にチェックする習慣をつけましょう。

②企画規模

設備によって，キャパシティーの限界はあることと思います。

ひきふね図書館には，あまり大きな会場はないので，最大でも50人程度です。映画会や音楽会，一方向の講演会であれば，最大限詰め込んでも良いかもしれません。ワークショップや読書会でしたら，その半分程度が，島型をつくる限界です。もっと小さなイベントも良いですね。まちライブラリー・ミニセミナーは8名を定員にしています。

③企画実施時期

これも，当然ながらメインターゲットのライフスタイルに合わせる必要があります。学生のテスト時期をはずしたり，ビジネスパーソンの忙しい月末・月初を外したり，といった気遣いが必要です。例えば，子供向けイベントは夏休み期間に実施する，調べる学習コンクールが本格化する夏休みに備えて，応援講座は5月から開始する，といった工夫です。また，人が何か学ぼうという意欲が高いのは，年初と年度初めです。学習講座等は，1月や4月の申し込みが圧倒的に多いです。年度初めの開催は難しい事情もあるかもしれませんが，せめて告知・申し込み開始をそのタイミングにできると，効果的に集客できます。

④企画書作成

せっかくの良いアイデアも実現しなければ意味がありません。まずは，頭の中にあることを，他者に理解してもらいましょう。そのためには，企画書に表す必要があります。古今東西，企画書はA4用紙1枚が基本です。これ以上にならないよう，簡潔にまとめてください。誰が読んでもわかるよう，簡潔に，客観的に記載しましょう。外部の人にも理解できるよう，図書館専門用語は使わないよう，気を付けてください。

⑤企画書掲載事項

企画書に掲載すべき事項は，タイトル，対象者，日時，場所，コスト，実施体制，確認事項，告知や申し込み方法等です。

「ビジネス支援セミナー」

企画立案日　2017年　5月13日
企画責任者：小田垣宏和　北村志麻

企画名	ひきふね図書館ビジネス支援プロジェクト 明日から開業！　創業者支援セミナー	
企画概要	■対象（誰・何に対して） 墨田区の創業希望者／創業直後の創業者	
	■目的 ・貸出図書の増加 ・創業者の発掘による，墨田区内の地域活性化	
	■手段 ・起業希望者のアイデアを具体化し，明日から開業できるまでをサポートする ・第1部は起業アイデア発想法。第2部はSNS対応実践講座 ・参加者がPCかタブレットを持参し，Facebookページなどを作成する ・参加者定員　16名 13：30～15：00 　新ビジネス発想ワークショップ～小田垣宏和（90分） 　アイデア創生，想定顧客ビジネスモデル，企画書作成，プレゼンテーション 15：00～16：30 　明日から開業！　あなたも個人事業主～北村志麻（90分） 　Facebookページ作成，Twitter連携，ブログ作成，個人事業主登録	
	■実施日・実施場所 ・7/1（土）　13：30～16：30 ・5階会議室　（16席）	
	■PR方法 ・図書館全館でのポスター・チラシ ・図書館ニュース ・図書館HP，パートナーズFBページ ・プロジェクト・コーナーでのビジネス書展示	
	■受付方法 ・図書館への電話・Fax・カウンターでの受付 ・E-mail ・先着順	
実施体制	図書館　　　：パートナーズ担当者，ビジネス支援担当者 パートナーズ：北村　小田垣	
収支計画	なし	
図書館への 確認事項	5階会議室，ワークショップ用文具，机，椅子の使用，Wi-Fiの使用	

企画書事例

実際に私たちが使っている企画書を掲載しました。参考にしてみてください。

プレゼンテーション

　いよいよ，企画実現に向けて，関係者に説明をし，了承を得て，協力を得ます。基本的には，企画書を説明していきますが，必要であれば，補足資料等も準備しましょう。また，場合によっては，パワーポイントを使った方が良いこともあります。大勢の人に知らせる必要があったり，大きな企画であったり，理解してもらうのが大変な場合等では，スライドを作っておきましょう。
　プレゼンでは，何よりも論理的であることが求められます。自分では理解していることも，誰にでもわかるように伝える必要があります。人それぞれ，使う単語やその単語に持つイメージが違いますので，気をつけましょう。論理的な構成や，効果的なアイコンタクトや間，抑揚を使いましょう。

やっぱり熱意も大切

　もちろん，熱意も大事です。企画を通すには，いかに利用者のことを思い，いかに有益かを熱く伝えていくことが効果的です。組織の論理で消極的な意見もあるかもしれません。責任を持って進められることを理解してもらうだけでも，通りやすくなるはずです。熱意には，粘りも含まれます。一度や二度拒絶されたところで，諦める必要はありません。筆者は，「まちライブラリー」を導入するのに，半年以上図書館側と折衝に次ぐ折衝を続け，なんとか承認を得ました。大学という組織もなかなか固く，桐蔭横浜学園では，「桐蔭学園パートナーズ」を導入するうえで，館長がご苦労様されました。敷地内には，女子中学生もいるため，近隣住民が学内に入ることへの懸念もあり，学内のさまざまな関係部署に赴き，何度もプレゼンしたそうです。
　このような観点からも，最終的には折衝力も必要になります。

まずはやってみせる！

「組織の他の人をどう巻き込むか」も長期的には大事になってきます。前例のないことを導入するのは、大変な現場も多いと思います。やはりコミュニケーションや新しいことが苦手な人が多い業界です。まずは、一人でもはじめること、実績をつくっていくことが大事です。基本的にはOJTのようなものとして、「やって見せる」ことが必要です。

来てもらわなければ意味がない
集客方法あれこれ

　6章では，イベントのつくり方を学んできました。せっかくつくったイベントです，多くの人に知ってもらいたいですね。この章では，イベントへの効果的な集客方法をお伝えしていきます。来てほしい人たちを効果的に集めるために，さまざまな PR 媒体の特徴を知り，どう組み合わせるべきか考えましょう。

図書館での集客は有利?!

　そもそも，図書館でのイベント開催は，通常の民間での開催イベントよりも遥かに有利です。収支を考える必要はほとんどありません。会場費もかかりませんし，参加費も無料のことが多いです。行政の広報誌や HP を使って告知することもできます。参加者にとっても，無料な上，場所が図書館という安心感もあり，主催団体が信頼できるのかどうか，気にする必要もありません。後は魅力ある内容にしさえすれば，人が集まって良いはずです。

集客方法あれこれ

まず，告知方法を整理します。下記のような媒体があります。
- 区報，図書館報等の広報誌
- チラシ
- ポスター
- 掲示板
- ホームページ
- SNS
- プレスリリース
- 新聞
- 口コミ

どのように広報媒体を使うかは，やはりそのイベントの対象者が誰かによって変わってきます。それぞれの企画ターゲットに合った媒体を選んで組み合わせましょう。

紙媒体

広報誌などの紙媒体で情報が届きやすいのは，高齢者や子育て世代という傾向があります。子供向けイベントや，高齢者向けイベントには，良い媒体です。逆に言えば，このイベントは若い世代に来てほしい，ということであれば，むしろ行政報には掲載しない，という選択もあります。

ポスターについては，館内掲示には，あまり重きを置いていません。というのは，ポスターを見るのは来館者だけです。新規顧客獲得を考えると，その点では効果がないからです。駅や町内会の掲示板等には，図書館の非利用者に訴える力があるので，活用したいところです。

同様に，チラシについても，館内に置いておくだけでは新規顧客獲得にはつながりません。他の公共施設や，できれば近隣のお店などにおいてもらうと効果的です。コミュニティカフェのようなお店があれば，ぜひ連携しましょう。

墨田区でも，「東向島珈琲店」が地域活動に関わる人たちの情報交換の拠点の一つとなっています。じつは，地域紙については，どの公共施設よりも，ここがいちばん多くはけます。

　基本的な使い方ではありますが，イベントに参加された方に，次回以降のイベントチラシを配布する，ということもできます。

　小中学生向けイベントであれば，チラシを学校で配布してもらうのが効果的です。教育委員会や，校長会に協力してもらい，できれば全員配布が望ましいです。特に小学校中学年位までは，学校からの配布物には，必ず保護者が目を通すので，集客に貢献します。

公共図書館と学校との連携

　できれば，チラシを配る以外の協力もしてもらえると尚良いですね。墨田区では，中高生からPOPコンテストを初年度募集した際は，わずかな応募しかありませんでした。学校に協力してもらい，夏休みの宿題にしてもらったり，成績にプラスになるようにしてもらったりしました。それによって，応募が数十倍になりました。

壁一面のPOPコンテスト応募作品

HP での広報

　ホームページは，紙媒体よりも自由度が高いはずですので，情報量を多く載せられます。イベント説明文を長くすることもできますし，写真等の掲載で，より参加イメージをしやすくできます。
　また，「全国図書館イベントサイト」[13] はどなたでも無料でご利用いただけます。ぜひ活用してください。過去のイベントも参照できますので，イベントアーカイブにも利用できます。

SNS を活用しよう

　文部科学省の「平成 27 年度社会教育統計」によると[14]，情報提供の方法に「情報ネットワーク」を利用している図書館 3,051 館のうち，ホームページの利用は 3,040 館であるものの，メールマガジンは 336 館，ソーシャルメディアは 419 館にとどまっています。
　ソーシャルメディア（SNS）については，やっていない図書館も未だ多いかもしれません。トラブル等を恐れているのもあるようですが，適切な使い方さえすれば，問題は起こりません。心配なようでしたら，例えば，「コメントの返信はしません」としておけば，こちらからの情報発信手段としてのみ使うこともできます。
　SNS の最大の特徴は，拡散しやすいことです。コストもかかりません。
　2015 年 8 月，鎌倉市の図書館の Twitter での投稿が非常に広がりました。Twitter で広がった結果，メディアに取り上げられ，世間に知られるようになりました。鎌倉市図書館の Twitter アカウントは，フォロワーが 1 万人近くいますので，それなりに大きなメディアとして活用できます[15]。

13　図書館パートナーズ：全国図書館イベント検索．http://libraryfacilitator.com/,（参照 2017-08-25）．
14　"Ⅱ 地域調査の概要" 文部科学省 Web サイト．http://www.mext.go.jp/component/b_menu/other/__icsFiles/afieldfile/2017/04/28/1378656_03.pdf,（参照 2017-08-25）．

Facebook か Twitter か？

一口に SNS といっても，それぞれに特長があります。

利用者の大まかな傾向では，Facebook は中高年層の利用が多く，Twitter は若年層の利用が多いです。結論から言えば，Facebook と Twitter の両方が望ましいです。Facebook と Twitter の連携の設定をしておけば，手間もかかりません。Facebook の投稿が自動で Twitter に投稿されるようにできますので，設定しておけば一度の投稿ですみます。

LINE の事例

図書館ではまだあまり一般的ではないですが，LINE@ や，Instagram も活用できます。このような SNS は，10 代の利用が多いので，学校や大学では特に有効ではないでしょうか。ちなみに，Instagram の利用は，20～30 代女性が多いそうです。

インターネットといっても，いまや多くの人がパソコンもよりスマートフォンから情報を入手しています。HP がパソコンだけでなく，スマートフォンにも対応している，レスポンシブルであるかも重要です。

申し込み方法

申し込み方法は，各図書館によってまちまちの対応が見受けられます。集客とともに，その企画のメインターゲットに合った申し込み受け付けにしましょう。例えば，ビジネスパーソン向けなのであれば，敢えて電話申し込みではなく，メール申込みとすることもできます。高齢者向けでしたら電話や FAX の方が良いでしょう。

15　"鎌倉市図書館のツイート「学校がつらい子は図書館へ」一時は削除も検討"ハフィントンポスト．http://m.huffpost.com/jp/entry/8046562，（参照 2017-08-25）．

いかに検索されるか

　今時，多くの人たちがインターネットを利用しています。何か調べたいことや興味のあることがあれば，まずは検索エンジンを利用するのが一般的です。インターネット上に存在していないのは，この世に存在していないのと同義になってしまいます。ぜひ検索エンジンに引っかかりやすくなる工夫をしていきましょう。例えば，「起業セミナー」の告知に，「創業」という単語も入れることで，検索にヒットする確率が上がります。

　検索エンジンの特性上，キーワードによって思わぬ情報に巡り合うことがあります。

　例えば，落語に興味のある人が，検索をして，たまたま図書館の落語イベントが引っかかることもあるでしょう。それによって，図書館の存在を知ってもらうことができます。イベントとイベントの告知には，非利用者に図書館を知ってもらう力があります。

　古典的な方法ではありますが，口コミも意外と効果があります。

それでも集まらなかったら？

　最大限の集客努力をしたのにも関わらず，想定よりも人数が集まらないケースもあるかもしれません。当日館内放送で呼びかける，カウンターで声を掛ける，等ギリギリまでできることはあります。それでも，集められなかったとしても，意識を切り替えましょう。参加人数が少ない利点を生かして，質疑応答の時間を増やす，参加者同士の交流の機会を設ける，等の臨機応変な工夫ができます。そのような双方向性があるイベントは，参加者の満足度は確実に上がります。それが次回以降のイベント等にも生きてくるはずですので，前向きにとらえましょう。

　もちろん，しっかり集客ができるのが理想ではありますが，完璧な集客というのはあり得ません。どんなに素晴らしい企画でも，うっかり地域のイベントと重なってしまうとか，天候等によっては人が来ないこともあり得ます。

いよいよ実施！
でもそれで終わりじゃない
イベント本番とその後

　6・7章とイベントのつくり方，集客について学びました。この章では，当日の運営方法と，その後について学んでいきましょう。実務編としての最終章です，しっかり身に付けてください。

イベント前日と当日の準備

　前日までに準備しておくべきことは，下記です。
- ・参加人数の確認（事前申込の場合），また当日飛び入り参加可能かどうか
- ・会場のセッティングの確認
- ・必要な AV 機器等の充電
- ・配布資料がある場合，その印刷
- ・講師プロフィールや紹介時の文言の確認

イベント当日の1時間程度前までに，準備しておくべきことは，下記です。
- 誘導案内板
- 机，椅子の設営（ホワイトボード等その他必要な備品があれば，その準備）
- 参加者リストの準備
- アンケートや資料等の配布物，アンケート用筆記用具の準備
- 講師の方がいる場合，お迎え
- お茶，お水の準備
- パソコンプロジェクターのセッティング，データやマイクの確認
- 必要な場合，講師名の垂れ幕

人員について

　イベントの規模にもよりますが，50人程度の規模まででしたら，3人程度のスタッフで間に合います。講師の方と一緒に待機する司会，受付係，誘導係，です。10人程度の小さな規模のイベントでしたら，一人でも大丈夫ですが，一応何かあった時のために二人いると安心です。

会場への誘導

　特に，定員に達している場合，後から空いている席を探すのは大変になるため，前から詰めて座ってもらうように促します。定員に達していない場合も，写真を撮った際の見栄えがあるので，やはりなるべく前から詰めてもらいます。もちろん，途中退席することがわかっている人等は，この限りではありません。

当日キャンセル

　特に無料のイベントで避けられないのが，当日キャンセルです。イベントにもよりますが，あらかじめ定員の10％程度多く予約を受け入れておいても問題ないかと思います。

開始時刻は守るべきか？

　基本的には，時間どおりにはじめますが，あまりにも集まっていない場合等は，5分程度開始を遅らせることもあります。その場合は，定刻で一度アナウンスを入れて，参加者の了承を得ます。開始が遅れたからといって，基本的には，その分終わりの時間を延ばす訳にはいきません。講師の方には，その旨の了承を得て，開始時間を遅らせるかどうか判断をしましょう。

　どうしても，時間どおりに終わらない場合もあるかもしれません。その場合，定刻で一旦区切りを入れ，アンケートの回収を図り，時間どおり帰りたい人が退席しやすくします。そのうえで，残る時間のある方へ続きを提供します。

司会進行をする

　イベントへの参加謝辞，プログラム紹介及び，講師紹介等をして，講師の方へお渡しします。質疑応答の時間があるようでしたら，その部分の進行もします。最後に，まとめと講師へのお礼を述べ，締めます。「もう一度大きな拍手をお願いします」と言って，盛大な拍手で盛り上がって終わることができます。

①モデレーターをする

　パネルディスカッションのようなイベントで必要になります。パネラーの方々には，あらかじめ聞くテーマのことと質問は伝えておきます。こちら側も，パネラーのことを良く理解しておき，どんな回答がきそうか，予測しておく必要があります。モデレーターがそれぞれの答えをまとめ，次のテーマや質問に自然につなげていきます。

　意味のあるパネルディスカッションにするには，構成やモデレーターの力量が大きく左右するため，非常に難しいです。筆者の経験では，意義のあるパネルディスカッションは，ほとんど見たことがありません。

②ファシリテーターをする

　ワークショップ形式のイベント等で，グループワークを効率的に進めるために必要になります。ファシリテーターは，参加者同士が発言をしやすくする雰

囲気づくりや，わかりやすい指示だしが主な役割です。「先生」という訳ではないので，影の立役者です。良いファシリテーターであるためには，やはり場数は必要です。

イベントから図書館利用促進へ

　例えば，映画会や落語会のようなエンターテイメント性の高いイベントでも，ブックトーク等を組み合わせることができます。また，関連資料の展示・貸出を合わせることもできます。登録カード作成の案内と共に，利用を促しましょう。ひきふね図書館では，オープンスペースの壁面に関連の展示をして，イベントと絡めています。

参加者との交流

　イベントの前後で，参加者と積極的にコミュニケーションを取りましょう。コミュニケーションの中で，参加動機等をさりげなく聞くことができると，参考になります。名刺を渡したりして，名前を覚えてもらうのも良いです。
　お客様の生の声を聞ける貴重な機会ですし，人間関係構築のきっかけになります。潜在的なニーズを知ることまでできると，なお良いです。他コミュニティとの協働や，地域との連携の機会創出にできます。

アンケートを取ろう

　基本的には，毎回アンケートを取って，データを取得しましょう。アンケートの記載内容については，できれば，定量情報と定性情報がわかるようにしましょう。 アンケートでいただいた良いコメント等を公表できると，PRにもなりますし，次回以降の集客につながります。
　アンケートに必要になるであろう項目は，年代，性別，住んでいる地域，満足度，自由記述のコメント欄等です。

> **アンケートのチェックポイント**
> ☑満足度は？
> ☑参加者の年代，男女比率は？
> ☑住んでいる地域は？
> ☑どの PR 媒体が効果的なのか？

> **集客できなかった時のチェックポイント**
> ☑企画の内容そのものにニーズがないのか？
> ☑内容は良くても，タイトルが人を惹きつけなかったのか？
> ☑開催時期や日時に問題があったのか？

アンケート結果の確認と振り返り

　色々な人がいますので，極端な話50人いて50人に満足してもらうのは難しいものです。多少の辛い意見があった程度では，それほど気にする必要はありません。ただし，室温や照明，音量といったすぐに改善できることにはすぐに対応します。企画のコンセプトや発想段階から最後までの振り返りをしましょう。

　集客が思いの外上手くいかなかった場合は，何が要因なのかを，特定しましょう。人が来ないからといって，その後の開催をやめる，等は安易です。

　上記がチェックポイントです。

クレーム？

　これまでに発案・運営した企画では，クレームを受けた経験はありません。顧客ニーズと提供するサービスの，ミスマッチがないからでしょう。この企画はこういう人のため，というのがしっかり伝わっていれば，対象者しか参加しないはずです。そして，一定のクオリティのサービス提供ができれば，「無料で良いのですか」と言われることはあっても，クレームを言われたことはありません。

　当たり前のことではありますが，タイトルと内容を一致させる，等しておくと，「期待と違った」といったクレームはないはずです。

8 いよいよ実施！でもそれで終わりじゃない

イベントのその後……

　イベントの企画・準備から，当日の運営まで，「お疲れ様でした！」と言いたいところですが，しかし，これで終わりではありません。
　おろそかになりがちですが，開催報告を何らかの形ですべきです。筆者の場合は，Facebookページに写真と一緒にあげるようにしています。また，図書館ニュースに掲載することもあります。うまくいけば，区のHPに掲載してもらうこともできます。いずれにせよ，当日の楽しそうな様子や内容が伝わるようにします。それによって，参加できなかった人に「次は参加したい」と思ってもらえます。普段図書館に来ない人にも，なんかうちの図書館は面白そうだ，すごそうだ，と思ってもらうことで，将来の来館につなげます。イベント自体が対外的PRになるのです。

イベントのアーカイブ

　本書を執筆するにあたり，図書館でのイベントを調査しました。しかし，イベントの情報というのは，開催後には削除されることがほとんどです。何らかの形でのアーカイブを残すのは，情報を司る図書館の使命なのではないかと思います。ぜひ，イベントも大切な情報であると捉え，何らかの形での保存をしていただきたいです。
　「全国図書館イベントサイト」にも，保存しておけるので，ぜひご利用ください。

9 イベント運営の裏側実況中継
リアルな企画運営の内側

　前章まででは，一般的ノウハウを，マクロな視点でお伝えしました。本章では，筆者の経験からのミクロな視点で，イベントの実際をお伝えします。具体的な点からも学んでいただけるのではないでしょうか。章の前半では，イベント運営の裏側を時系列で，後半では，その他のイベントを紹介します。

イベント裏側実況中継① ぬいぐるみお泊り会

　「ぬいぐるみお泊り会」は，アメリカ発祥で，子供の読書活動推進を目的としたイベントです。私たちは団体発足の前に知って，夢のある企画に，「やりたい！」とメンバー皆が盛り上がりました。2013年から毎年開催しています。
　同館では，夏休みの時期の土日に開催しています。ぬいぐるみの返却を1週間後等にしている図書館もありますが，小さいお子さんの記憶の薄れは早いものです。翌日返してあげる方が感動は大きいです。ただ，その分，私たちスタッフは前夜大変忙しくなります。

まずは，子どもたちに自分のぬいぐるみ持参でおはなし会に来てもらいます。その後ぬいぐるみを寝かしつけ，子どもたちは帰宅。ぬいぐるみだけが図書館に泊まります。中にはどうしてもお別れできずに，連れて帰る子もいますが……。

　スタッフがいちばん忙しいのがここからです。さまざまなポーズでぬいぐるみが図書館を楽しんでいる様子を撮影。その画像データをプリントし，子供たちに翌日渡すカードに貼っていきます。

　翌日，再び図書館に集まった子どもたちに，前の晩のぬいぐるみの様子を電子黒板で見せてあげます。一人一人にカードをプレゼントし，前夜にぬいぐるみが読んでいた本も，借りていってもらっています。

①開催時期

　例年は7月に開催していましたが，今回は諸般の事情により，9月の開催です。9月にして良かったのは，7月よりも日が短くなっていることです。「夜の図書館」ですので，やはり暗くなるのを待たなければ，撮影が始められません。撮影開始が遅くなると，当然終了も遅くなってしまいます。できれば，ひきふね図書館の閉館する21時までには撤収したいところです。

②お泊り会初日午前

　スタッフが10：30に「こどもとしょしつ」に集合して，まずはミーティングです。中学生ボランティア「おもてなし課」の子たちも来てくれています。人出がいるので，大変助かります。スケジュール表の配布をし，自己紹介から始めます。担当を決めた後，11：00から，おはなし会が始まります。

　ぬいぐるみお泊り会参加者には，おはなしを聞いた後，残ってもらいます。タグに名前を書いてもらい，それぞれのぬいぐるみに付けます。引き換えのタグを持って帰り，翌日の引き取りの時に交換します。ブックトラックをベッドに見立て，タオル等の布団を用意しておきます。ここで，おやすみをして，お別れをしてもらいます。今回は22体のぬいぐるみがお泊りしますので，過去最高の受け入れ数です。

③お泊り会初日午後

　子供たちにプレゼントするカードを作っておきます。厚紙にお勧め絵本のリストも貼り付け，装飾もしていきます。ただし，この作業は必ずしも当日にす

る必要はなく，事前に作成しておいた方が効率的ではあります。後は，この後撮影するぬいぐるみの写真の場所を空けておきます。全員が写っている写真を一枚，そのぬいぐるみ単体の写真を一枚，貼る予定です。ここまで準備ができれば，暗くなるまで，スタッフは休憩です。

④お泊り会夜：撮影全体

　暗くなったところで，こどもとしょしつに再集合です。ひきふね図書館では，こどもとしょしつは一般書架から独立しており，18：00に閉館します。こちらで撮影を開始します。まずは，全体の写真から撮影します。ブックトラックのベッドで寝ていたぬいぐるみたちが目覚め，ベッドから起き上がります。ベッドを出ていく，その様子を徐々に撮影していきます。後は，思い思いに書架で本を探したり，端末の操作をしたり，棚に上ったりしている様子の撮影です。必ず撮っているのが，ぬいぐるみ同士で読み聞かせをしているシーンです。これをカードに貼るので，全てのぬいぐるみが見えているように，気を付けます。自分のぬいぐるみが小さくて他の影になってしまっていると，がっかりされるお子さんもいるからです。

⑤お泊り会夜：撮影個別

　中学生2人と大人1人のチームになり，それぞれのぬいぐるみの写真を撮ります。一人がポージングをし，もう一人が撮影，といった役割分担をすると早いです。それぞれのぬいぐるみ毎に，読む本は職員さんが選書してくれています。一体一体が絵本を読んでいる様子を写していきます。

　デジカメのデータを転送し，一台のパソコンに送り，皆でベストショットを選びます。ここで小さなトラブルが発生します。今年は白いクマのぬいぐるみが4体ほどいて，どれがどれか区別がつきにくいです。リストと照らし合わせてチェックし，何とかそれぞれ特定できました。少々，時間がかかってしまいましたが，作業を続けます。

　続いて，今度は大きなトラブルが発生しました。あるチームで，ぬいぐるみ単体ショットを撮っていないことが判明します。もう4年目のメンバーの率いるチームだったので，全く心配していなかったのですが，盲点でした。うっかり忘れていたそうで，グループのショットの写真しかありません。急いでこどもとしょしつに戻って，また撮影します。あわや，この日中に終わらないかと

ぬいぐるみたちの写真を映す

思われましたが，ギリギリ間に合いました。後は，撮影した写真を組み合わせて，翌日のスライドを作成します。前夜の作業はここまでです。

さて，翌朝はまた，こどもとしょしつに集まります。

まずは，子供たちにぬいぐるみを返却します。そして，前日のぬいぐるみたちの様子のスライドを電子黒板に写して説明します。

子供たちの歓声があがり，私たちの苦労が報われる瞬間が訪れます[16]。

資料4．ぬいぐるみお泊り会注意事項まとめ

人員体制	事前準備	注意事項
・受け入れ定員25名だと，スタッフは8人以上いた方が望ましい ・デジカメは4台以上あった方が効率が良い。二人一組で，一人がぬいぐるみのポーズを設定し，もう一人が撮影すると良い	・カード作成をある程度しておく。色紙を切り，装飾して，後は写真を貼って名前を書いてあげれば，渡せる状態にしておく ・ブックトラックをベッドにする。布団になるようなタオル等を準備しておく ・ぬいぐるみに付ける名札タグも必要	・ぬいぐるみの名札が取れないようにする ・ぬいぐるみ全員での写真は，全ぬいぐるみが写るように配慮する ・翌日，必ずぬいぐるみを受け取りに来てもらうようにする（お子さんが来れなくても，ご家族の誰かはきてもらう）

イベント裏側実況中継② 『ニジェール物語』著者講演会

①企画の誕生

　この講演会は，筆者の子育て支援ボランティア団体の仲間からの紹介で実現しました。彼女の所属する「コモンニジェール」というNPOで，絵本を作ったとのことでした。それをFacebookで知り，図書館で出版記念講演会を開催してはどうかと打診したのが，きっかけでした。同団体代表の福田さんは，たまたまなのですが，なんと地元・墨田のご出身ということです。全国各地で講演しているにもかかわらず，生まれ育ったこの場所での講演は初めて。時期は遅れたものの，無償でお引き受けくださいました。

②講演準備

　当日の準備としては，会場内に演台と椅子を配置します。机付の椅子なので，テーブルは入れず，この椅子のみにします。ただし，床には段差がないので，前の椅子と互い違いになるように配置します。アンケート用紙は最後に配っても良いのですが，今回は「コモンニジェール」の資料の配布をするので，一緒に椅子に置いておきます。

　開始30分前，先生が図書館に到着されたので，お迎えにいきます。控室にご案内し，荷物等を置いてもらいます。「お茶でも」というところなのですが，早速会場を確認したいとのことです。また，今回はパワーポイントのスライドデータをUSBメモリでお持ちいただいたので，受け取って，プロジェクターの準備をします。

　今回は出版された絵本のサイン会および，販売をします。会場の後方に，お持ちいただいた絵本の販売場所を，設営します。といっても，机を置いて，販売中のチラシを貼っただけの，簡単なものです。お釣りも同団体で準備していただきました。定価は，1,944円なのですが，「特別価格1,900円」と配慮して

16　以下から，2016年のスライドショーを見ることができます。
　　・墨田区ひきふね図書館パートナーズ，"2016 ぬいぐるみおとまりかい" https://box.yahoo.co.jp/guest/slideshow?sid=box-l-al7tx3xwbcdyz5xqeikp6sl5zm-1001&uniqid=2063877f-44e5-444a-9cc9-cd4fbe3d9c3d，（参照 2017-09-22）．

いただきました。これで，お釣りの受け渡しが簡単になるのと，本の売れ行きも良くなります。

　既に，開始時間前に，本を購入してくれた方もいらっしゃいました。

③講演開始
　定刻どおりにスタートです。筆者が司会として，開催概要と著書の略歴の紹介と，著書の紹介をして，後はお任せします。この会場は，入口カウンター奥のオープンな場所ですので，誰でも覗けます。こういった場所のイベントは，途中で飛び入りで参加を希望する方がでてくる場合があります。一人でも多くの方に参加してもらえるよう，椅子を追加するなど，臨機応変に対応しましょう。

　さて，今回筆者はグラフィックレコーディングをします。ホワイトボードに模造紙を磁石でとめておいたものに，先生のお話をイラストを交えながら，記録していきます。

　ニジェールとは，どんな国なのか，なぜ先生はそこで暮らしていたのか，現在の同国の支援活動について，お話ししてください。

　例えば，砂漠に雷が落ちると，どうなるかご存知でしょうか？　高い物が何もないので，雷は砂漠の砂に突き刺さります。その際，高熱で砂の中の鉱物などが溶けて，一瞬で石が出来上がります。「雷管石」といいます。そんな砂漠の国，アフリカ最貧国と言われるニジェールのエピソードを聞きます。

　講演が終わると，質疑応答に移ります。筆者は再びマイクを取り，司会に戻ります。何件かの質問を受け付ける中で，お話の中であった，「後で雷管石を見せる」と言っていたのを指摘された参加者がいました。大変良い質問であり，私たちも忘れていました。実物を回していきます。その間も質問を受け付けていきますが，質問者の個人的な興味のような質問になってきたので，「後は講師の方に直接個別で聞いてください」ということで，締めます。もう一度サイン会，本の販売の案内をして司会は終了です。

　アンケートを回収し，本の販売・サイン会を実施します。今回は全部で8冊販売しました。

④講演会の後は

　グラフィックレコーディングもご好評をいただき，多くの参加者が写真に収めていらっしゃいました。「聞いた話を，こういう風に視覚的に見られるのも良いですね」といった感想をいただきました。

　片付けは，プロジェクターと演台の片付け，椅子の配置程度ですので，簡単です。慣れていることもあり，20分程度で終了です。回収したアンケートについては，コピーをとり，その場で講師の方にお渡ししました。

　後は，当日の様子と内容のレポートをFacebookページに掲載します。

講演内容をまとめたグラフィックレコーディング

イベント裏側実況中継③ まきまき工作会

　点訳をされている図書館も多いかと思います。ひきふね図書館では、点訳ボランティア団体「きつつき」さんが実施してくださっています。点訳プリンタで紙に点字を印刷する際に、出てくる端材があります。この紙の端の部分は、通常は廃棄されています。筆者も実物を知らなかったのですが、非常に分厚く、丈夫で上質な紙です。

工作会で作った「ベル」「天使」「タワー」

①点字紙の端材が素敵な作品に変身

　これをただ廃棄するのももったいないと考えたのが、「きつつき」さんと懇意でもある、当団体メンバーの野本郁榮さんです。この点字紙の端材をリサイクルして、ワークショップにしてくれています。

　「まきまき工作会」として、子供から、大人まで楽しめる企画を実施、これまで「ベル」や「天使」「とんがり灯り」等を皆で作りました。

②とんがり灯り工作会実況中継

> **準備しておく物**
>
> 点字紙端材、両面テープ、綿棒、（必要であれば、リボン、シール、マスキングテープ等の飾り）、ハサミ、ボンド、長い筆

　野本さんから、参加者に作り方の説明があります。説明の後は、早速作り始めます。お手伝いメンバーが、それぞれの参加者を見回ります。

　いちばん端を両面テープで綿棒の細い軸にとめます。そこからは、ひたすら

巻いていきます。紙が分厚いので，意外と指の力が必要で，未就学児では一人では，少々難しいです。コツとしては，巻くのを緩すぎず，きつすぎないようにした方が後で伸ばす時に，きれいにできます。また，緩めに巻いても，きつめに巻いてもどちらでも良いのですが，一定の巻き方にした方が，やはり仕上がりは綺麗です。

　まずは，巻くところまで，皆で進めていきます。やはり，巻いている途中で，うっかり手を離してしまう子もいます。この場合は，また引っ張って，つめて巻いていきます。

　直径4〜5センチほどまで巻いたら，両面テープでとめます。もう，手を離しても大丈夫になります。

　次は，巻いたのを，徐々にひっぱり，伸ばしていきます。ここも，均等に伸ばしていかないと，曲がったタワーになってしまうこともあります。伸ばし過ぎて穴があいてしまうこともあるので，注意が必要です。長さは，お好みで，低めのタワーでも，細長いタワーでも自由です。

　ちなみに，ここで失敗してしまうと大変なので，お子さん用に巻いた状態のものは，事前に準備して保険をかけておきます。

　仕上げに，内側に，木工用ボンドを筆で塗ります。これが乾けば，もうこの形が固定され，出来上がりです。それぞれ，人によって高さや浮き上がる模様が違って，面白いです。

③晴眼者が点字を知るきっかけに

　一般の方では，点字をご存じない方も多いです。工作の際に自然と触れることで，さりげなく，晴眼者が視覚障害者のことを理解するきっかけにもなっています。工作の後に，興味のある参加者には，自分の名前を点字で打つ体験もしています[16]。

　これからやってみたい，という方，参考にしてみてください。

16　"まきまき作品集"宵湖舎Webサイト．https://yoikosha.jimdo.com/まきまき作品集/，（参照 2017-08-25）．該当のページから，工作キットを購入することもできます。

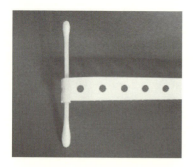
ぐるぐる巻いていきます

巻き終わりました

伸ばしていく途中写真

出来上がり写真

イベント事例

　それでは，私たちの実施している実際のイベント事例を他にも見てみましょう。とても全ての企画という訳にはいきませんので，一部をご紹介します。

本を借りて商店街へ行こう

　あらかじめ，商店街の店主さんたちのお勧め本を教えていただきます。そのお勧め本とお店の情報を図書館に展示します。利用者は，店主のお勧め本を借

りてお店に持っていくと，割引サービスを受けられます。例えば，コーヒー100円引きや，唐揚げ100gおまけ，等をしてもらえます。新規顧客を獲得できる商店街と，割引サービスを受けられる図書館ユーザー共に，嬉しい企画です。読売新聞江東版に掲載していただきました。

　商店街を担当しているのは産業振興課です。同課からの依頼展示を図書館で実施したことが縁で，この企画への協力をお願いしました。商店街の会長さんを紹介していただき，そして，会長さんから各商店さんに伝えていただいて，実施となりました。

読売新聞江東版掲載記事[17]
（2015年2月24日付朝刊 読売新聞）

まちライブラリー

　まちライブラリーとは，メッセージを付けた本を持ち寄って共通の本棚に排架し，交換して人の出会いをつくる活動です。カフェやギャラリー，オフィスや住宅，お寺や病院などまち角のあちこちに展開しています。2017年3月現在，約430か所のまちライブラリーがあります。本を通じて，人と人とのネットワークをつくっていくのが目的です。

　ひきふね図書館は，公共図書館の中にまちライブラリーがある，珍しい事例です。通常書架とは別に，まちライブラリーの棚を設置，月に1回，ミニセミナーと本の貸し出しをしています。

---

17 「図書館で本借り商店術で特典」『読売新聞江東版』2015年2月24日朝刊33面.

まちライブラリーの棚

著者講演会・サイン会・即売会

　前述の『ニジェール物語』(フクダヒデコ文，イヌイマサノリ絵，象の森書房)もそうですが，図書館で本を売る，となると驚かれることもあります。これは，基本的には「目的内利用」にあたります。講演会と一緒に，著者との交流目的にサイン会を実施しています。サインを著者にしてほしい方には，書籍をお分けしています。1回で十数冊売れることもあります。本来であれば，書店さんか出版社の人に来ていただいて販売していただけると理想なのですが，まだそこまではできてはいません。一部の出版社から図書館が批判される現状もある中で，お互い共存していかなければなりません。両者が批判し合うのではなく，協力して，読者文化そのものを育てていくべきです。そのような想いから，著者と読者の交流が生まれるイベントは，今後も続けていきたいです。
　これまでに実施したのは，『ニジェール物語』の他に，『走れ！移動図書館』(鎌倉幸子，筑摩書房)，『30日で英語が話せるマルチリンガルメソッド』(新条正恵，かんき出版)，『1冊20分，読まずにわかるすごい読書術』(渡邊康弘，

『走れ！移動図書館』でのサイン会の様子

サンマーク出版)，『花いくさ』（鬼塚忠，角川書店)，『子どものやる気を引きだす親うばう親』（河野真杞，キノブックス）などです。

Read for Action 読書会

　一般的な読書会は，「事前に本を読んでから参加し，その感想を語り合う」というスタイルが主流です。最初はその方法での読書会を開催していました。ただ，それだと「今日の課題図書を読めなかったので，行けません」と参加者に言われてしまうことがありました。Read for Action 読書会では，事前に本を読む必要はありません。読む前に目的を明確にし，問いを立て，短時間で課題解決のヒントを本から得ます。そして，参加者同士の対話により，行動につなげる，ワークショップ型の読書会です。事前に読む必要がないため，非常に集客が良く，本のライトユーザーも参加してくれます。図書館の本を大量に活用できることと，普段図書館に来ない人を呼べることで，下記のようなイベントを開催しています。

Read for Action の HP[18] （提供：Read For Action 協会）

①最新ビジネス書棚・ビジネス書読書会

　やはり現役世代であるビジネスパーソンには，図書館に来てもらいたいです。しかしながら，ビジネス書の旬の期間は短く，貸出に回ってしまうと，なかなか書架には戻ってきません。それでは，ニーズを満たせなくなってしまうので，思い切って最新ビジネス書を館内利用のみにしました。専用棚に3か月間排架し，その後貸出にまわります。

　これだけでは，棚の存在を知ってもらうのに十分ではないので，隔月で「最新のビジネス書を2時間で4冊読破！読書会」を開催しています。Read for Actionスタイルの読書会で，その場でビジネス書を選び，その場で読みます。内容のエッセンスを掴み，それを共有することで，2時間以内に3～4冊の書籍を理解することができます。

②まちヨミ（まちぐるみ読書会）

　1冊の課題図書から，皆で町の課題を考えるワークショップです。図書館から，地域の課題について考えることができないかと，発案しました。Read for Actionでは，「まちヨミ」という手法があることを知り，採用しました。これは

18　Read for Action．https://www.read4action.com/，（参照 2017-08-25）．

最新のビジネス書棚

"One book One Sumida" というコンセプトです。これまで，10回開催し，「コミュニティデザインの時代」「稼ぐまちが地方を変える」といった書籍を課題図書にしました。地域でパパ友を見つけたい人同士が知り合えたり，参加者のなかから「墨田区ひきふね図書館パートナーズ」に入ってくれた人もいます。区外からの参加者でも，自分の地域でも同様の活動を始める方や，「墨田区のことを知ったのをきっかけに，自分の地域のことを知りたくなった」という方もいました。

8時間耐久読書会 リードアスロン（READATHLON）

　読書仲間が集まって，「トライアスロンのような競技で読書会できないか」という突飛な発想から生まれた，新しい読書協技（競技）です。通称，リード

アスロン（READATHLON）と呼んでいます。読書会は次のようなトライアスロンに沿った内容になっています。

 Swim：探す，泳ぐように「目的」「テーマ」「書籍」の探索・収集
 Bike：速読，10〜20冊の本の中から，キーワードや関連性の洗い出し
 Run：精読，いちばんテーマに沿った内容の本を3〜4冊に絞り込み，精読
 Goal：共有，学びのまとめ，グループで発表

　図書館の新しい活用方法として，開発しました。10〜20人の参加者で一度に全体で200冊程の書籍を使います。参加者には最初に日本十進分類法を学んでもらい，図書館での検索方法を実践してもらいます。読書会の最後には「完走賞」ならぬ「完読賞」を参加者にお渡ししています。一日かけて図書館を活用できる，図書館と親和性がとても高い企画です。

リードアスロンの後，「完読証」と共に

ラノベ朗読会

　どこの図書館でもそうでしょうが，ティーンズ層に図書館を利用してもらうのは，なかなか難しいです。声優科のある，クラーク記念国際高等学校さんのご協力を得ている企画です。同科の生徒さんに来てもらい，10代に人気のライトノベルを朗読してもらうイベントを実施しました。声優の卵とはいえ，素敵な声で生で聴くのは，いつもと違った書籍の楽しみ方でした。

　また，声優科のある学校には，イラストレーター科もあるとのことで，チラ

シも作成していただきました。およそ，素人にはできない大変クオリティの高いチラシです。

「東京国際文芸フェスティバル」参加イベント

「東京国際文芸フェスティバル」は日本財団主催で，事務局主催イベントに加え，書店，出版社，大使館，企業，個人による60を超えるイベントが5日間のコア期間を中心に各所で開催されるものです。そのサテライトイベントの一つとして，ひきふね図書館も参加させていただきしました[19]。

私たちが開催したのは，洋書を使っ

クオリティーの高い「大人の知らないラノベの世界」のチラシ
　　　　（提供：クラーク記念国際高等学校）

英語脳をつくる！　英語で読書会

19　東京国際文芸フェスティバル．http://tokyolitfest.com/，（参照 2017-08-25）．

た英語ワークショップです。図書館の資料や持ち寄った英語の原書を使い，その場で読んで，英語で書き，聞き，話すことで英語脳を活性化します。30代から60代の男女12人が3グループにわかれて，助け合い学習で12冊の本をシェアすることができました。

　参加者からは，「英語でコミュニケーションが取れるようにさらに学習意欲がわきました。色々な本を通じて英語の本を読む楽しさを知った」などの感想がありました。英語と読書を通じて，図書館という場で仲間づくりができる。そんな素敵な時間を過ごせたようです。

　「東京国際文芸フェスティバル」には，無料で参加することができ，同HPやパンフレットにもイベント掲載していただけます。PR効果も高く，非利用者にも図書館の存在を知ってもらえます。また，参加者への参加賞を送っていただけるので，好評です。

　いかがでしょうか。図書館でできるイベントは，本当にさまざまな種類があるのです。図書館にはありとあらゆる種類の資料があります。ということは，どんなイベントでも本と絡めることができるということです。そう考えれば，できないイベントはないはずです。むしろ，一見図書館らしくないイベントを実施した方が，新規顧客の獲得には有効です。

その他，墨田区ひきふね図書館パートナーズで実施したイベントのようす

10 企画を通じた

コミュニティの生成
単なるイベントにあらず

　まだイベントを実施することが目標となっているかもしれません。しかし，イベントをする目的を考え直したうえで，イベント開催のその先にある，コミュニティの生成について考えていきましょう。

イベントは単なる「スタート」

　イベントを開催することは，ゴールではありません。図書館は，もはや本を借すだけの場ではありません。イベントも，実施することだけが，目的ではありません。イベントを通じて，図書館に人を呼び，その地域や学校の中にコミュニティをつくっていくのが，究極の目標です。

コミュニティとは

それでは、「コミュニティ」とは何なのでしょうか。極端な話、例えば墨田区は、26万人以上の人口です。墨田区民全員をコミュニティとは呼べないはずです。そう考えると、双方向のコミュニケーションが取れる程度の人数となるかと思われます。

ちなみに、「ダンバー数」で知られている、ロビン・ダンバーによれば、人間の脳の大きさに見合った社会集団の規模は、150人前後と推定されています。これくらいが一つのコミュニティの上限人数のようです。

かといって、サークルなど、クローズな団体もコミュニティとは言えないでしょう。誰でも入ることができる、自由な環境ではないでしょうか。

図書館員がコミュニティをつくる

コミュニティをつくるとは、どういうことでしょうか。図書館員はなぜコミュニティをつくらなければならないのでしょうか。

アメリカのシラキュース大学アイ・スクール教授のR. David Lankes氏の言葉に、下記のものがあります[20]。

> 悪い図書館員は蔵書をつくる、良い図書館員はサービスをつくる、素晴らしい図書館員はコミュニティをつくる

おわかりでしょうか、本を用意しておくだけの図書館員は、「Bad」と表現されており、コミュニティをつくれる図書館が「Great」とされています。前者のような図書館員は、今や不要な時代なのです。

時代の変化によって、図書館・図書館員の存在価値が変わっていることもま

---

20 "Beyond the Bullet Points: Bad Libraries Build Collections, Good Libraries Build Services, Great Libraries Build Communities" R. David Lankes Web サイト. https://davidlankes.org/rdlankes/blog/?p=1411/.（参照 2017-08-25）. 原文は "Bad Libraries Build Collections, Good Libraries Build Services, Great Libraries Build Communities"。翻訳は筆者。

た，表しています。まだ人々が本を手に入れるのが難しい時代には，書籍の収集が重要視されていました。物質的に豊かになると，今度はモノではない，サービスが重要になります。そして，物質的に豊かになり過ぎた反動で，失われたコミュニティの再生が，今必要になっているのです。図書館としても，それに対応しなければなりません。

コミュニティ創出は社会課題

　コミュニティをつくる，ということは図書館だけの問題ではなく，社会全体の課題でもあります。この大きな課題を，図書館が解決することができれば，図書館への社会的評価も上がるのではないでしょうか。
　コミュニティを構築するという課題を，図書館が解決することは可能だと言えます。その理由としては，まず，図書館には「場所」があります。筆者は，図書館以外に，子育て支援のボランティアもしています。打ち合わせやイベント，PR活動等，何をするにしても，やはり場所は必要です。人が集まる場として，図書館を使ってもらえれば，図書館を活用することができます。また，人とつながるきっかけにできる，資料があります。例えば，ワークショップの自己紹介時に，参加者のお勧め本や，よく読む本を紹介してもらいます。本をコミュニケーションのきっかけにできます。後は，本と人・人と人とをつなげる人＝図書館員がいれば良いのです。ぜひ「コミュニティをつくる」という視点で，図書館運営を行っていってください。なにも，図書館員だけがその責任を負わなくとも，ボランティアや地域と連携していきましょう。
　Lankes氏は，「図書館がコミュニティのプラットフォームになり，資料はむしろ，コミュニティを促進させるツールである」とも述べています。これまでの価値観とは真逆かもしれません。

コミュニティは一日にして成らず

　確かに，一朝一夕にはできないことではあります。それでも，交流型のイベントを開催していくことで，コミュニティは徐々にできていきます。

筆者たちの運営している「まちライブラリー」では，基本的には，ミニセミナーにこだわっています。「ミニ」なので，定員は8名まで。なぜ少人数かというと，双方向でのコミュニケーションがとれる限界がその程度だからです。
　まちライブラリー提唱者の礒井純充氏は，「100人参加するイベントを1回開催しても，それだけです。それよりも，10人参加するイベントを10回開催した方が良い。10回来てもらえば，その場に愛着が生まれ，そこがコミュニティの場になっていく」と仰っています。
　私はこの考え方に，大変共感しました。ひきふね図書館では，まちライブラリーを月1回開催して，3年以上続けています。区民の中には，常連で参加してくれている人もいます。その方は，毎月第四日曜日の午後には，図書館にいけば何かある，と思ってくれているようです。たまに，本当にふらっと寄ってくれることもあります。そして，今度はミニセミナーの主催者になってもらいました。例えばこういうことが，「コミュニティ」だと言えるのではないかと思います。
　これは一例ですが，それぞれの図書館におけるコミュニティについて考えていかなければなりません。

参加者同士の交流

　イベント開催時には，参加者同士が名刺交換するように促したり，Facebookで友達申請するように促しています。Facebook上には，「墨田区」というグループもありますので，イベント後も人間関係を続けることができます。これもまた，一つのコミュニティ形成のきっかけと言えます。リアルの場だけがコミュニティというわけではありません。いまやSNS等でバーチャルにつながることも可能なのです。図書館をきっかけにバーチャルコミュニティをつくることだって，できるのです。
　図書館員が，利用者と図書館をつなぐハブになれると良いです。
　イベントに参加してくれた人が，図書館を好きになってくれて，また来たいと思ってくれると理想です。図書館の次のイベントを心待ちにしてくれるような，図書館のファンをつくっていきたいです。「このようなイベントはまたあ

りますか？」「どこで情報を入手したら良いですか？」と聞かれるようになったらしめたもの。そんな時に例えば、「図書館ニュースが毎月1日に発行なので、それを見てください」といった案内ができると良いですね。そう考えると、メルマガやTwitter、LINE@のような、プル型の情報発信があることが理想です。

人脈は数珠つなぎ

イベントに参加してくれた人の中に、特技のある方がいれば、躊躇なくリクルートします。「それを図書館でもやっていただけませんか？」と打診してみると、興味を示してくれる方はたくさんいます。それも聞いてみなければ始まりませんので、積極的にコミュニケーションを取り、尋ねてみましょう。

イベントを実施するほど、出会いが増えます。例えば、ビブリオバトルを開催した際に、参加してくれた税理士さんに起業セミナーの講師をお願いしました。また、その税理士さんが地元の中小企業診断士さんを紹介してくれ、経営者セミナーを開催できました。このように、イベント参加者に主催者をお願いしていくことで、企画を増やしていくことができます。

さらに、利用者と利用者がつながれるようになるのが、次の理想です。

ぜひ素敵なイベントを開催して、あなたが主催者として覚えてもらえるようになってください。「図書館で〇〇イベントをしている××さん」というのが地域、組織で浸透していくと、さらに良いサイクルに入ります。「〇〇と言えば、あなたですよね」と声をかけてもらえるようになります。

コミュニティ生成事例「エコノミックガーデニング」

なかなか、未だ図書館におけるコミュニティ生成の好事例は少ないのですが、「エコノミックガーデニング」に取り組む千葉県山武市にある「さんぶの森図書館」をご紹介します。エコノミックガーデニングとは、地域経済を「庭」、地元の中小企業を「植物」に見立て、地域という土壌を生かして地元の中小企業を大切に育てることにより地域経済を活性化させる政策です。この政策はアメリカのコロラド州リトルトン市が1980年代後半から実施しており、以来、

企業誘致をしていないにもかかわらず雇用と税収が著しく増加し，成果を挙げています。国内においての歴史はまだ浅く，山武市のほか静岡県藤枝市・徳島県鳴門市などで取り組みが始まっています。

エコノミックガーデニングと図書館

　山武市経済環境部わがまち活性課の所管事業ではありますが，図書館も関わっている事例です。『地方経済を救うエコノミックガーデニング』（山本尚史，新建新聞社）の著者で，エコノミックガーデニングの日本の第一人者である山本尚史先生をアドバイザーとしてお呼びしていました。同図書館の司書，豊山希巳江さんは，もともとエコノミックガーデニングが図書館の価値を上げると考え，勉強しており，山本先生とも知り合っていました。山本先生の後押しもあって，図書館も関わることになったそうです。山武市のエコノミックガーデニングでは，五つのワーキンググループに分かれており，その中の一つである「チャットビズ」事業に図書館が関わっています。この事業は，異業種の人たちが集まり，それぞれの視点で，課題解決を目指すものです。現在のテーマは，「図書館の活性化」です。具体的には，図書館で「スキルバンク」という提案があり，プロジェクトが進行していました（その後，法律の問題もあり，現在はビジネス支援図書館勉強会等の別プロジェクトが進行中です）。

実際の活動の様子

　ワーキンググループの活動の見学をさせていただきました。さんぶの森図書館は18時に閉館します。その後，グループのメンバーが図書館に集まります。この日も，地元の会社経営者，建築家，カフェオーナー，信金の支店長，行政職員といった多彩な顔ぶれでした。

　今後の方針や，新たなアイデアを出し合った後，既にスキルバンクのチラシ案ができたということで，全員でデザインを検討していました。

　豊山さんは，資料の印刷が必要であれば，さっと印刷してきたり，フォントの検討段階では，フォント集を持ってきてくれたりします。また，皆の意見を

山武市の「さんむエコノミックガーデニング」HP[21]
(提供:さんむエコノミックガーデニング推進協議会)

聞き,引き出す,といったファシリテーターをさりげなくしていました。

参加者の方も,図書館での会議は,必要な資料がすぐに出てきたりするので,大変便利だと言うことでした。

図書館が地域経済の活性化に役立つ事例です。経済を中心としたコミュニティの場として図書館が活用されています。

図書館におけるコミュニティとは？

みなさんの図書館でつくることのできるコミュニティには,どんなものが考えられるでしょうか。例えば,図書館が待ち合わせスポットのように利用される。図書館に行けば,いつも来ているあの人に会えるかも,というように使ってもらえる。図書館員に聞けば,詳しい人を紹介してもらえる。サークル？発表の場？ どのような形態でも構いません。柔軟に考えてみてください。

いずれにせよ,コミュニティをつくっていくのは,皆さんなのです。

---

21 さんむエコノミックガーデニング. http://eg-sammu.jp/, (参照 2017-08-25).

11 チームワーク

組織としてのイベント実施力
チームワーク強化のために

　企画が次々と生まれ，活気ある図書館にするためには，やはりその組織そのものが変わるべきです。本章では，組織変革について考えてみましょう。ぜひ，ご自分の所属組織を振り返りつつ，お読みください。

イベントが生まれやすい組織に

　斬新なイベントが活発に生まれる図書館へと，組織そのものを変えていくことも必要です。一人でできることもたくさんありますが，できれば，組織としての力も上げていきたいですよね。
　まずは，あなたの所属する組織において，認識の共有をする必要があります。2章にあるような，イベント実施の意義を組織全体で共有します。イベントは図書館の未来のために必須のことであり，通常業務のおまけなどではありません。説得材料として，他自治体や他組織の事例も役に立つはずです。特に行政は，前例のないことをやりたがらないものの，他でやっていることができてい

ないことを嫌がる傾向があります。中堅以上の方でしたら，組織全体を導いていく立場にあります。組織のミッションを全員で共有したうえで，新しいことが起こりやすい環境にしていきましょう。

新しいことが歓迎される組織へ

　みなさんの所属組織は，新しいアイデアが出やすい環境でしょうか？　何かアイデアがないか，問いかけたときに，活発に意見のでる環境でしょうか？　もしも，し〜んとなってしまう，一部の人しか話さない，そんな状況だとしたら，環境そのものに問題があるかもしれません。自分の提案が通る可能性がなければ，言うだけ損ですから，言わなくなってしまいます。

　この本を手に取られた方は，現状に甘んじておらずに，改善・革新を目指されているはずです。であれば，新しい環境づくりもしていってほしいです。新しい意見や提案は，すべてウェルカムな雰囲気づくりをしてください。大変だけれども，価値のあることは，「どうしたら実現できるか」を考えることです。新しい提案を口にすること自体，苦手な人もいるでしょう。新しい提案をしてくれた人を，無条件で褒められる，そんな空気にしていきましょう。

　筆者は営業をしていた頃，いつも上司から次のように言われていました。「できない理由は聞きたくない。どうしたら，できるかを言ってほしい」このようなマインドになれば，やりたいことの100％はできなくても，現実路線を模索し，実現することができるようになります。アイデアのできない理由ではなく，どうやったら実現できるかを考えてください。

イベンターを育てよう

　自分以外の人にもイベントを実施してほしいのであれば，まずは自主性を尊重してあげましょう。誰でも，やらされ感があると，なかなか進みません。それぞれの人の好きなことや得意なことからやらせてあげられると，理想です。山本五十六氏の言うように，「やってみせ　言って聞かせて　させてみて　誉めてやらねば　人は動かじ」です。定例イベント等でこれを実践するのも良いです

ね。
　企画運営になれていない人を副担当にして，一緒にやっていきます。まずはそのイベントを運営しているところを見せて，やり方を教えます。そして実際に運営してもらって，褒めてあげる，ということです。肝心なのは，「成功体験」を積んでもらうことです。上司の役割というのは，いかに部下に失敗させないか，ということです。定例イベントについては，担当制よりも，輪番制等にして，皆が経験できるようにしておいた方が良いです。皆ができるようになれば，組織全体のイベント推進力アップにつながります。

企画会議でアイデア発想を

　組織として，企画会議を定例化できると，イベントが生まれやすくなります。例えば，毎月企画会議がある，というのであれば，スタッフの皆さんが日ごろから考えるはずです。筆者たちは，毎月第二土曜日が企画会議です。それに向けて，町をあるいていても，アイデアの種を探す習慣があります。9章でご紹介した，「本を借りて商店街へ行こう」の企画も，商店街をたまたま歩いていた時に思いつきました。
　企画会議については，もちろん，ただ会議をすれば良いというわけではありません。活発な意見が交わされるようにしていきます。
　その他，組織としてできるのは，計画性です。例えば，いわゆる通常業務の繁忙期には企画を減らす，等のスケジューリングに工夫ができます。定例イベントを組み入れたうえで，新しいイベントには十分な時間がとれるように，全体の計画をします。
　当然ながら，担当者以外はその企画についてわからない，といったことのないよう，情報共有も組織の使命です。お客様には，「担当でないのでわかりません」は通用しません。一人で業務を抱え込んでしまう状態をつくらないようにします。チームワークももちろん大事ですので，指示がない限り動けない，という人たちは問題です。組織の風土として，言われなくでも気を利かせることができ，それがお互いに歓迎されるようにします。

引き継ぎ，挨拶はしっかりと

　異動の多い業界ではありますが，しっかりと引き継ぎができるようにしておきましょう。特に人のつながりは切れてしまうと，損失が大きいです。お世話になった講師の方等に，異動の挨拶をして，新しい担当者を紹介する等しましょう。名刺交換をしている人に，メールで異動の連絡くらいしても良さそうですが，意外とこの業界では少ないです。異動の時期は忙しいのはわかりますが，一般社会に比べると非常識に感じます。講師の連絡先のリスト等を作成しておくのも良いですね。そうでなくても，少なくとも代表メールにCCしておく，といった共有化を意識しましょう。

　何らかの形でイベント実施報告や，効果のまとめは必須です。組織として，これらをPRできるような報告等を公表しましょう。まとめ方については，やりやすい方法で良いかとは思いますが，HPであれば，誰でも見ることができます。少なくとも，過去のイベントのリストが残るようにすべきです。

どこでも「悩みの種」の予算

　実績をPRしたうえで，予算獲得に動いてください。予算削減傾向が続く昨今ではありますので，なかなか難しい面はあるかと思います。だからこそ実績をつくったうえでの，新しい試みは通りやすいです。墨田区でも，さまざまなビジネス支援企画を実施してきたうえでの，新しいビジネス書棚は，産業振興の面もあり，新規予算獲得ができました。いずれにせよ，申請しない限り予算は増えません。積極的に申請していきましょう。

　また，各種補助金もありますので，そういったものを活用していくことも必要です。クラウドファンディングでの寄付金集め，といった新しい事例もでてきています。筑波大学等の事例がありますので，参考にできます。

　図書館としての予算獲得が難しい場合でも，他の部署の予算を使うことも可能です。実際にあった事例では，例えば，子育て支援課の予算から紙芝居を買ってもらう，というのがありました。また，男女共同参画課からの予算で資料

を購入したうえで，企画展示をしている大学図書館もありました。東京オリンピック開催に向けての予算から，英語多読学習用の資料を購入している事例もあります。

こういった成功事例のためには，日頃からの他部署との人間関係や信頼関係の構築が欠かせません。

何のための予算か？

予算獲得には，組織・地域の課題を把握しておく必要があります。それを踏まえ，意思決定権者の意向に沿った主張にしなければ，通りにくいです。自治体基本方針や首長・教育長・校長の方針は常に頭に入れておきましょう。意思決定権者の実現したいことを，どう図書館が手伝えるか，というポイントでアピールしましょう。

政治的アピールをしていくことも必要です。図書館は，決して選挙票につながりません。よって，議会等でもほとんど注目されないのが普通です。ただし，数は多くないにしても，中には好意的な議員さんもいますので，ぜひ積極的に建設的なアピールをしていきましょう。

イベントが歓迎される図書館運営を

利用者への啓蒙も必要となります。やはり，静かな図書館が好きな利用者も多いかもしれません。そのためにできることとしては，まずは住み分けです。施設の制約もありますが，音を出しても良いスペースと，静かなスペースと分けられるようでしたら，これが簡単です。最近では，むしろ学習スペースを隔離して，静かに過ごしたい人はこちらへ，と誘導する形での住み分けをしている館も少なくありません。館内全体に音楽を流して，静かな図書館を脱している館も見受けられますね。

開架スペースでのイベント開催

　会議室等がなくても，千代田区立千代田図書館のように，イベントの時間になると，書架の間でイベントを実施している図書館もあります。

　千代田図書館では，2007年のリニューアルオープンから閲覧スペースでイベントを実施しています。千代田図書館のメインフロア（9階）はフロアの真ん中にエレベータホールやトイレがあり，図書館としては不利な構造になっています。しかし，この真ん中で分割できることを"利点"ととらえ，「一般書架ゾーン」と「調査研究ゾーン」に分けることができました。

　「一般書架ゾーン」では静かな読書・区民の書斎，「調査研究ゾーン」ではセカンドオフィスとしてビジネスマンがちょっとした打ち合わせもできる空間と位置づけました。イベント開催時は「調査研究ゾーン」のソファーをわずか15分でレイアウト変更して，イベント会場に変えてしまいます。

　写真のようにすぐ近くで勉強している人たちがいますが，マイクを使用した講演会が開催されてもクレームはないそうです。勉強しながら聞いている人や，通りすがりに立ち見で聞いている人もいて，オープンスペースで行うメリット

イベントの開催前には，お知らせ（左上）を掲示。開催時には，調査研究ゾーン（右上）が，イベント会場に早変わりする（右下）

も大きいようです。デメリットをメリットにして，利用者のニーズを満足させる。工夫次第で図書館を活用できる事例です。

　構造として，どうしても難しいのであれば，このようなタイムシェアリングを行うことを検討してみましょう。

　例えば，毎月第四土曜日の午後はイベントの日，等と設定して，利用者に理解してもらいます。静かに過ごしたい人は，その時間を外せば良いので，時間毎の住み分けができます。

静かな図書館？

　図書館が静かであるべきか否か，という議論はここではしません。ただ，静かにしなければならない場所だということで，来館が阻まれている人たちがいることは事実です。イベントすらしづらい雰囲気では，自分には関係ない場所

> 私たちが大切にしたいこと
> 「子どもの声は未来の声」
> 私たちの図書館では，本を通じて子どもたちの豊かな未来へとつながる道を応援したいと考えています。就学前のお子さまから，小中学，高校に至るまで，子どもたちの育ちを末永く見守る場所でありたいと思うのです。
> だから，私たちは館内で小さなお子さまが少しざわざわしていたとしても，微笑ましく親御さんたちといっしょに見守ります。来館されたみなさまも，どうぞそのような考え方をもった図書館だとご理解いただければありがたいです。
> そして，小さなお子さまのお父さま，お母さまにもお願いです。
> ここは公共の場所です。遊び場，運動場ではありませんので，公共の場所でのマナーをお子さまに教えていただく場としてもご活用いただければ幸いです。
> みんなでお互い様の気持ちを持ち寄る場所にしていきましょう。

だと考える人も多いのではないでしょうか。新規顧客獲得を考えるうえで，静かな図書館であるべきかどうかは，考慮していかなければならないのではないでしょうか。

　岐阜市にあるみんなの森ぎふメディアコスモス（2015年7月開館）では，潜在顧客の開拓のため，新たなターゲットに若年層を想定しました。「子どもの声は未来の声」というステートメントをカウンターに掲げています。多少の子供の声への，周囲の理解を求めているのです。そのような運営方針を打ち出すことにより，地域のコミュニティの場であることを示しています。利用者の年代は，40歳以下の割合が54％となったそうです。前年度と比べて，同年代が25％も増加しているそうです[22]。

組織変革をボトムアップで

　そうはいっても，なかなか保守的で新しいことを初めにくい職場もあるかとは思います。そのような場合，組織変革には時間がかかってしまいますので，まずは一人でも始めましょう。企画提案時には理解してもらえなかったことも，実際に見てもらえばわかってもらえます。参加者の様子が何よりの証拠になります。企画者本人が楽しそうに，生き生きと実施することも大事です。だんだんお手伝いをお願いし，周りを巻き込んでいきましょう。実績をつくれば，次につながりやすくなります。

　「色んな人が来てくれたらいいな」と思っている図書館員の方も多いでしょうが，行動に移さなければ変わりません。トップダウンでできるのでしたら，その覚悟を持ってください。トップダウンがすぐには難しいのでしたら，まずはボトムアップで行動しましょう。変革のきっかけは，どちらからでも良いでしょう。

22　吉成信夫「子どもの声は未来の声：次世代型図書館をめざして」『図書館雑誌』2016, vol.110, no.4, p.218-219.

イベント実施に必須の協働
自前主義にこだわらない

　イベントに限ったことではないですが，図書館運営に協働は必須です。改めて，その必要性と協働における心構えを知っておいていただきたいです。筆者が図書館に協力している者としての，視点でも書きましたので，ぜひボランティアの気持ちをご理解ください。

なぜ協働なのか

　やはり図書館職員だけで実施するよりも，より大きな，より多種多様な企画開催が可能だからです。協働であれば，労力としても助かります。やりたいことがあるけれども，場所に困っている団体もたくさんあります。協働できる可能性のある団体は非常に多いはずです。何も自分たちだけで，何もかもやらなくても良いのです。コンテンツが欲しい図書館と活躍の場が欲しい団体とを，上手くマッチングさせましょう。

　ただ，気を付けていただきたいのは，単純に労働力目当ての協働では上手く

いかなくなってしまいます．協働相手にとっても，メリットがあるようにしてください．協働相手のPR程度は，ぜひやってあげてください．

　墨田区では，地元のNPO，地元の税理士・中小企業診断士，商店街，産業経済課や環境課，学校との連携をしています．今まで，墨田区には大学が存在していなかったのですが，千葉大学の誘致が決まったので，今後はそちらとも連携していきたいです．すみだ北斎美術館ができたので，こちらも一緒に何かやりたいと計画中です．

　例えば，環境保全課との協働の事例としては，同課主催の環境フェアに図書館も出展しています．図書館は究極のエコ施設ではないか，ということになりました．区役所のホールで開催されるので，図書館のアウトリーチです．点字紙の端材のワークショップや，図書館のPRをしています．同じ時期，図書館でも環境に関する企画展示を開催しています．

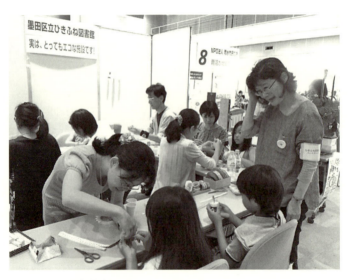

環境フェアに図書館が出展

最も身近な協働相手：図書館ボランティア

　図書館では，既にボランティアが多く活躍されています．文部科学省の「平

成27年度社会教育統計」によると，全国の図書館で9万6,000人ものボランティアがいるそうです。社会教育施設の中で，ボランティア登録制度のある施設数の占める割合が最も高いのは，図書館で，69.5% ということです[23]。

　ボランティアに依存することを当たり前と思わずに，より良い関係性を築いていってください。ボランティア側としては，やりたいことができる・自己実現ができる，というのがモチベーションです。ぜひ，ボランティアさんたちのやりたいことを，叶えてあげてください。

図書館員はボランティアをしているのか？

　6章で，良いイベントをつくりたければ，何かイベントに参加してみることをご提案しました。やはり，参加者の立場になって，参加者の気持ちを理解することが大事だからです。同様に，ボランティアとの良好な関係が必要ならば，相手の気持ちを理解する必要があります。

　あなたは，何かボランティア活動をした経験はありますか？　ないのでしたら，まずは何でも良いので何かボランティアをしてみましょう。自分の興味のあることで良いです。長期間は難しいということであれば，単発のボランティアでも良いです。何が楽しいのか，何がやりがいなのか，どんな自己成長が起こるのか，やはり体験に勝る理解はありません。逆に，何が嫌なのかも把握しておかなければなりません。

　人にはボランティアをさせるけれども，自分はしないのでは，フェアでないのではないでしょうか。

　スキルアップが必須であることは，3章でも述べましたが，ボランティア活動でも，スキルアップが可能です。コミュニケーション力や，リーダーシップ力の向上ができ，さまざまなバックグラウンドの方との合意形成方法等を経験し，学べます。

　図書館で働いていれば，読み聞かせ等が得意な方も多いでしょう。そういっ

23　"社会教育調査：平成27年度結果の概要" 文部科学省 Web サイト．http://www.mext.go.jp/b_menu/toukei/chousa02/shakai/kekka/k_detail/1378657.htm，（参照 2017-08-25）．

たプロのスキルを，近隣の学校等で役立てることもできます。いわゆるプロボノとしての活動もできますね。

　また，いくつかボランティア団体がある図書館もあるはずです。そのような複数のボランティア団体同士との連携でも面白い企画が生まれます。

　協働により，多くの人が関わってくれる，ということであれば，それだけ多くの人に図書館の存在を知ってもらうことになります。やはり，自然とPRにつながります。

ボランティアの育成

　図書館に限らず，あらゆるボランティア団体の宿命は，高齢化です。既に人間関係ができている団体に，後から入るのは難しいため，その団体をつくった当初のメンバーがそのまま年をとっていくケースを多く聞きます。そうならないためには，組織に新陳代謝が必要です。ボランティアの養成講座は必須となります。私たちは，自分たちの仲間を，自分たちで養成する講座を年に1回程度実施しています。「墨田区ひきふね図書館パートナーズ」としては，イベントの発案から全てできる人材が欲しいところです。講座への参加資格を，メールやオフィスソフトが使えること，としています。企画実施には，企画書やチラシの作成等が必要だからです。全3〜4回の講座を受講してもらい，今後の公共図書館のあり方について学んでもらいます。アイデア発想方法や企画書作成方法について身に付けていただいたうえで，入会してもらっています。毎年3〜4名が入会してくれ，活気が出ます。とくに，既にビジネス書読書会を開催している実績のある方や，20代の若い方が，新たに仲間になってくれていて，ありがたいです。他自治体でも「市民ボランティア養成講座」をしていますので，導入されたい方は，お問い合わせください。

外部団体との協働

　図書館ボランティア団体との協働はもとより，他の部署や図書館外のNPOや任意団体，地元企業や大学・学校との協働が可能です。下記のような，協働

しやすい組織があります。
- 他部署
- 他の公共施設
- NPO 等，ボランティア団体
- 地元企業
- 近隣店舗，商店街
- 商工会議所や観光協会
- 博物館，美術館
- 学校，大学

　協働を始めるためには，やはり，まずは人脈を広げていくことです。結局，一言で協働とはいっても，団体同士の協働ではないのです。その団体の中の人間同士の協働なのです。○○団体の○○さん，と協働するのと同じように，相手からも○○図書館の○○さん，と思われています。人同士，ということを忘れないでください。また，あなたがどういう人なのかによって，所属する組織も，どういう組織なのか，という見られ方をしてしまいます。所属団体の顔であることも気を付けてください。

　特に公共図書館では，縦割り行政の壁で苦労するかもしれません。そんな時に生きるのは，他部署の元図書館職員さんです。人ベースでの連携も可能なので，ぜひ人脈をつないでおきましょう。

　例えば，区民活動推進課主催の交流会や，地元の町工場でのバーベキュー大会や，新住民歓迎会等があれば，積極的に参加しています。コミュニティカフェに行き，地域活動をしている方を紹介してもらいます。名刺を渡すだけでも，その後の人間関係の種まきになります。また，「○○図書館」と書かれた名刺を渡すことで，図書館の存在を知らせることができます。

協働をうまく進めるためには

　お互いの状況を理解しあったうえで，お互いが win-win になる交渉をしていきます。win-lose でも，lose-win でも駄目です。もしそのようにどちらかが負けないと成り立たないのであれば，残念ながらその交渉は諦めましょう。

そうなると，図書館員の総合的な人間力が問われてきます。

　また，協働するうえで最も重要なことは，やはりミッションの共有です。それぞれの団体にはそれぞれの立場があり，都合があります。時にはそれが対立してしまう場合もあり得ます。その際に重要になるのが，何のためにお互いその企画を実施するのか，という点です。

　一緒に何かするうえで，共通の顧客がいます。誰を喜ばせたいのか，がそれぞれの団体の都合よりも優先されるべきです。例え，意見の対立があったとしても，「誰を喜ばせるのか」という点が，唯一の判断基準です。日本人にありがちなのが，意見が対立したことで，その意見だけではなく，意見を言った人そのものを批判してしまうことです。「罪を憎んで人を憎まず」のように，その人の意見と，人格は別のものと捉えてください。

ボランティア側から望むこと

　イベントボランティアをしている中で，違和感を覚えたのは，職員さんから「ありがとうございます」と言われたことです。職員とボランティアは，立場は違うけれども，同じ目標のために協働する「同志」のつもりでいます。職員さんのために働いている訳ではないので，お礼はいりません。それよりも企画に工夫してくれたり，より参加者を喜ばせるために努力してくれる方がうれしいです。色々な考え方のボランティアもいるかとは思いますが，このような考え方の市民もいることを知っておいてほしいです。

　図書館での企画開催をきっかけにして，さまざまな団体とつながっていくことができます。それも地域コミュニティの形成ということです。また，さまざまな組織との協働によって，図書館の存在を知ってもらえ，図書館の機能を知ってもらうことができます。図書館が実は役に立つ施設だと知ってもらうことで，これもまた図書館のPRにつながります。

　図書館が地域のハブとなっていく未来は理想です。

業務効率化を追求しよう
やっぱり楽に開催したい！

　ここまで読んでいただき，イベントの運営方法自体はおわかりいただけたかと思います。人的資源が限られる中，運営の効率性も上げたいですよね。業界全体として，改善の余地があるはずです。ご自身の日々の仕事の仕方を振り返りながら，改善の糸口を探っていきましょう。

まずは通常業務から

　イベント業務の効率化の前に，まずは，全ての業務の優先順位を確認しましょう。それぞれの職員によっても，こだわる業務が違うケースも見受けられます。優先順位についても，やはり「顧客ありき」です。利用者のニーズを把握したうえで，本当に必要なことにリソースを振り分けましょう。
　例えば，利用者を待たせてまで，しおりの位置を直すことは必要なのでしょうか（利用者として実際に経験したことです）。恐らく，習慣になってしまっているのでしょうが，一人一人の習慣を変える努力が必要です。

一般企業であれば，売上から費用を引いたものが収益となりますが，図書館には「売上」という概念が馴染みません。基本的には費用について考えるべきです。ここでいう費用＝コストとは，時間です。皆さんの働く時間には人件費がかかっています。時間を減らすことがコスト削減になります。費用対効果については，かかる時間対効果を検証してください。検証してみることで，費用対効果の薄い業務は廃止も考慮できます。

「時間がない」は本当なのか？

　よく「通常業務に追われて時間がない」というのを聞きます。予算削減傾向の中で，人員等のリソースが限られていることは承知しています。ただ，それは本当に主体的に仕事をしているのでしょうか。

　全世界で3,000万部以上売れている『7つの習慣』（スティーブン・R・コヴィー，キングベアー出版）には，時間管理の考え方があります。業務を，横軸に「緊急度」，縦軸に「重要度」をとった，マトリックスに分類します。図の第一領域である，「緊急かつ重要なこと」に追われているのではないでしょうか。例えば，クレーム対応や期日の迫った仕事等です。なるべく，第一領域ではなく，第二領域の「緊急ではないが重要なこと」に意図的に時間を割くべきです。そうすることによって，第一領域の「追われ仕事」を減らせるようになります。第二領域の仕事とは，例えば，人間関係づくりや準備・計画，勉強や自己啓発等です。

　第二領域は，重要であることを認識していたとしても，緊急ではないため，多くの人が後回しにしてしまいます。

　例えば，良好な人間関係をつくる時間を取ることで，クレームが減らせます。普段から，図書館のPRの時間を取ることで，イベントへの集客に手間をかけずに済むようになります。

　当然ながら，第三領域である「緊急でなく重要でないこと」を撲滅する必要があります。例えば，無駄な会議や，不必要な電話・資料作成等です。

	緊急	緊急でない
重要	第一領域 ・クレーム対応 ・電話応対 ・カウンター対応	第二領域 ・人間関係の構築 ・自己研鑽 ・新事業発案
重要でない	第三領域 ・締切の迫った仕事 ・多くの会議や報告書 ・突然の来訪や多くの電話	第四領域 ・無駄なおしゃべり ・異常に凝った書類作成 ・だらだら電話

図書館版時間管理のマトリックス[24]

「時間くい虫」の会議を改善しよう

　これは日本企業全体の課題ではありますが，最も時間を取るのが会議です。無駄な会議がOECD加盟国の中でも低い生産性の大きな要因の一つといえます。会議では，「会議時間×参加人数」分のコストがかかってしまいます。そもそもその会議が必要なのか，再考しましょう。そして，その会議の目的は何かを明確にします。会議の目的には，次のようなものがあります。
　①情報伝達・共有：情報伝達目的の会議については，基本的に不要です。掲示する，メールやWeb上で共有する，等の対策をしましょう。
　②アイデア出し：アイデア出しについては，ケースバイケースです。積極的に発言がでるような，活発な会議ができるようでしたら，実施する意義があります。そうでないのだとしたら，あらかじめアイデアや意見を募集して集めておいてから，会議にした方が効率的です。
　③意思決定：意思決定が本当に必要な会議です。
　何か新しいことを導入しようにも，意志決定に関わっていないと，誰も自分ごとになりません。結果，会議で決まったはずのことが実行されないことにつ

---

[24] スティーブン・R・コヴィー 著，ジェームス・J・スキナー，川西 茂 訳「時間管理のマトリックス」『7つの習慣：動画でわかる7つの習慣 特別CD-ROM付属』キングベアー出版，2013，p.215．を参考に作成。

ながります。会議では，全ての参加者に発言権があることを前提に，全員に関わってもらいます。注意していただきたいのは，予定調和的な，結論ありきの会議もまた意味がありません。結論に誘導されてしまうのでは，結局は参加者の自分事にならないからです。決定事項については，必ず議事録を作成し，会議以降も共有します。

会議時間削減方法

トリンプインターナショナルジャパンの社長として，19期連続増収増益を続けた吉越浩一郎さんは，残業ゼロで好業績にさせたことで有名です。『「残業ゼロ」の仕事力』（吉越浩一郎，日本能率協会マネジメントセンター）で，会議の目的を，組織の問題を顕在化し，組織にとって最適な解決策を発見して実行する，と定義しています。1時間の会議で約40の議題を決定することで話題でした。1議題につき2分程度です。コツは，あらかじめ担当者がたたき台を作っておくことだそうです。現状の問題，どう対処すべきか，どのくらいの費用や時間がかかるのかをまとめたうえで，その結論がよいかどうかだけ，会議で判断します。判断情報が足りないことがわかれば，差し戻して，次回の会議の議題とするので，やはり2分もかからないということです。いきなり，このような会議を実施するのは難しいかもしれませんが，参考にして取り入れてみてください。

イベント業務の効率化

コストパフォーマンスの悪い業務を見直し，余剰時間を捻出しましょう。イベントについても，そもそも第二領域の業務といえるのではないでしょうか。
通常業務を効率化したうえで，イベント業務の効率化については，下記の対策があります。
　①タイムマネジメント
　②マニュアル化
　③再利用

④単純スキルの向上

　　⑤チームワーク

①タイムマネジメント

　イベント業務のスケジュールを，年間や月間で組み込んでおくことで効率は上がります。スケジュールは，ある工程が終わらないと，次の工程に進めない，といった場面もあるからです。例えば，外部講師を呼ぶ際に，大まかな日程で，内諾を得たうえで，平行して館内の許諾を得る。講師の都合のつく日程の候補をいくつかもらったうえで，場所や他のイベントとの調整を行う，等です。

　行政報に掲載するには，どこの自治体も早めにする必要があるでしょうから，早めに準備を開始するのに越したことはありません。イベント予定がある程度決まっているのでしたら，1年分等まとめて広報誌の枠取りをしておくことも，効率的です。

②マニュアル化

　イベントの実施だけでも，精一杯という声も聞かれます。確かにマニュアルを作るためには，時間がかかります。これも先述の「第二領域」の業務です。こういう時間の使い方は，「投資的」な時間の使い方です。今2時間使うことで，将来の10時間を削減できる，といったことができます。

　マニュアルを作ることで，誰でも企画実施できるようになります。また，意外と盲点なのですが，忘れないようにすることにもなります。自分の企画ながら，翌年等には忘れてしまっている部分があったりしますので，それを防ぐことにもなります。

　とにかく，ノウハウを人の中に貯めてしまわずに，誰でも再現可能な状態を目指します。

③再利用

　マニュアル作成の際には，それぞれの企画を細分化し，部品化することも必要です。それによって，ある部品は他のイベントで再利用できる，といったことが可能になります。

　また，再利用には，デザイン等も含まれます。出来の良いチラシやポスターについては，色や写真，レイアウトを編集してまた使うことで，省力化できます。

④単純スキルの向上

　スキルアップについては，3章でも触れましたが，本章のここでいうスキルとは，すぐに身に付く種類のものです。例えば，職員によって，できること・できないことに差がある場合があります。小さなことではありますが，鍵などの場所を把握していない，プロジェクターが使えない，スキャンができない，メールに写真の添付ができない，といったことです。これらの小さなスキルを覚えるのは非常に簡単であり，すぐに身に付きます。WORD等のオフィスソフトの操作も，人によってできること・できないことは違うでしょうが，教え合っていただきたいです。この程度の簡単なスキルアップであっても，塵も積もれば山となります。

⑤チームワーク

　チームワークが良くないと，結局仕事が増えることになります。例えば，問い合わせに対して，誰でも答えられるようにしておく，といったことです。小さなことではありますが，これができていないと，担当者がいない時には，折り返しの連絡をしなければならなくなります。担当者に伝言し，連絡する，連絡がつかなければ，何度も連絡しなければならなくなる，といったことです。また，間違った対応をしてしまい，トラブルにつながるということもあり得ます。

人間関係

　職場での人間関係の構築は，あらゆる組織でも課題です。今時，なかなか飲みにケーションも難しいかもしれません。開館時間の長期化で，シフトが合わなかったりもするでしょう。業務後の時間か，難しければランチミーティングをする，ということもできます。顔を合わせてはできなくても，掲示板のようなものや，メーリングリストのようなものでコミュニケーションをとることもできます。本好きの方も多いでしょうから，読書会やビブリオバトルでお互いを理解することもできます。

　普段から良好な人間関係を築いておく，というのも第二領域であり，チームワークに貢献します。

イベントの質？

　もちろん，質を高くすることは大事です。ただし，メリハリをつけることも必要ではないでしょうか。省ける業務もあるはずです。手を抜けるところは，上手に抜きましょう。映画会や講演会等で，一定の集客が見込める企画については，事前申込とせず，当日会場に，ということもできます。それによって，事前申込の手間と，当日受付の手間を省けます。もちろん，集客できないと講師に失礼，とか配布資料が大量で高価，といった場合にはこの限りではありません。キャンセル待ちの受付対応も省くこともできます。

　とにかく，効率化の肝は，少しずつ，そして投資的に，ということです。例え小さな業務の効率化であっても，積み重なれば，長期的には大きな改善になります。また，その時は手間がかかったとしても，将来的に効率化になるのであれば，面倒がらずに実行しましょう。

　時間管理の考え方は，どのような職場であっても，通用します。ぜひ心掛けて身に付けていただきたいです。

もっと素晴らしい企画ができる！
さらなる発展

　「まだ実践もない（少ない）のに，"さらなる発展"？」と思われる方もいるかもしれません。しかし，イベントの開催を単なる目的にはしてほしくないのです。その先のことも視野に入れつつ，実践してもらいたいので，このような心構えをお持ちください。

現状維持は衰退である

　さて，イベントを実施して，顧客が増えてきたとします。
　ただ，それでもまだゴールではありません。現状に満足してしまうと，それ以上決して良くなりません。現状維持は，衰退につながります。それだけ，私たちは変化の激しい時代に生きています。
　今抱えている地域の課題，それ自体が変わることもあり得ます。新しい課題が発生することもあります。変化し続ける課題に対し，情報のスペシャリストとして，真摯に向き合い続けていただきたいです。

社会の動き・最新情報を常に把握

　当然ながら，情報収集は皆さんの専門です。アメリカでは，インフォメーションスペシャリストと呼ばれることもあります。

　マスメディアや情報の専門家としては，個人の好き嫌いにかかわらず，世間の人々の関心を把握しておく事は必要です。何度も，顧客ニーズに沿うということを伝えてきました。世間の流行り等から，ニーズを把握することが可能だからです。また，今や情報を集めておくだけでは，不十分です。情報を編集し伝え，知の創造ができる場になっていくべきです。ぜひ，利用者のニーズに沿った，より良いイベントをつくっていきましょう。

人脈を活用した情報収集・PRを

　これも何度も述べてきましたが，より良い企画，幅広い企画実施を目指すうえで，やはり人脈は大変重要です。人脈を広げるためには，人と出会うしかありません。これも，図書館員が苦手な分野かとは思いますが，営業が必要です。例えば，地域のイベントや，お祭りに参加する。人と出会い，名刺を交換し，その後はSNSでつながっておく。SNSは，必ずしもコメントのやり取りをしなければいけないわけではありません。ゆるくつながることができるのが，特徴です。SNSを怖い，と表現する人もいらっしゃいますが，それは知識がないからです。使い方を学んで，怖くない使い方をすれば良いだけです。情報収集の手段にもなりますし，人間関係を続けていくこともできます。図書館のPRにも使うことができます。

世界中の誰とでもつながることができる

　スタンリー・ミルグラムによる「六次の隔たり」という考え方があります。自分の友人を一次と数え，その友人の友人を二次と数えていくと，平均六次の隔たりを経て，あらゆる人とつながることができる。間に6人を介すことで，

世界中の誰とでもつながることができる，ということです。例えば，アメリカ大統領と会いたいのであれば，紹介をつないでいくと，つながることができるということです。

この考え方であれば，呼びたい講師とも，連携したい機関とも，来てほしい利用者とも，誰とでもつながることができるということになります。そのためには，まず一次目が必要になるのです。これがすべてのスタートです。つながりを維持するためにSNSを活用することも効果的です。

SNSを駆使したつながりの創出

SNSはそれ単体で，オンライン上で完結する人間関係ではありません。むしろ，オフラインの人間関係を補強するために使います。『つながり』（ニコラス・A・クリスタキス，ジェイムズ・H・ファウラー著，鬼澤忍訳，講談社）の中では，今後は社会的ネットワーク格差が広がってくる，と述べられています。ネットワーク格差というのは，情報格差と同義です。さまざまな社会格差の要因に，つながりがあるというのです。そして，多くの絆を持つ人がさらにつながりを増やし，デジタル・デバイドがさらに広がっていく，ということです。

人脈を広げない・SNSを利用しない等では，情報の専門家である皆さんが，情報格差の底辺に取り残されてしまいます。

「つながる図書館員」木下館長の事例

つながりを広げたことで，図書館を活性化させた，横浜市港北図書館の木下館長の事例です。

行政職員である木下豊さんは，他部署から図書館に異動になり，そこから図書館のPRを始めます。その当時に始めたFacebookのお友達を，1年で1,000人近くにまで増やします。例えば，近くのコミュニティカフェに通い，地域の人との人間関係を築きます。近隣の学校のPTA総会で時間をもらい，図書館のPRをします。そのような努力が実り，ほとんど自力の集客で，100人のイ

ベントを埋めたことすらあります。館長就任から1年で，なんと，全ての数値がV字回復。入場者，貸出利用者，貸出冊数とも伸び，ホームページアクセス数も，レファレンス件数も大幅に伸びています。横浜市内の他の館の平均は横這いであるため，明らかに館長の努力の結果だとわかります。

「常に情報発信，アウトリーチしていると，1年でこんなに伸びるんですね」と本人も驚いていました。

人脈を広げることで，短期間でもこれだけの数値向上ができるのです。

実際に，筆者たちも人脈を広げたことで実現している企画はたくさんあります。例えば，知り合いの出版記念パーティーに参加した際に，たまたま出会った河野真杞さんに，ひきふね図書館での講演会を実施していただきました。「親子の違いを知って子育てをもっと楽しもうセミナー」は，満席となる人気でした。また，当団体に加入してくれたメンバーの中には，シャーロック・ホームズ協会の会員がいます。その人脈により，ホームズシリーズの著名な翻訳家である日暮雅通さんをお呼びしての講演会を定期開催しています。知る人ぞ知る方で，ホームズファンからは驚かれます。

「未来の図書館員」

図書館員それぞれが，ステレオタイプに染まらずに，頭を柔らかくする必要があります。

情報を収集し，人との関わりを広げ，そして情報と人，人と本，人と人をつなげていくことが必要です。いずれも，情報です。図書館に情報が集まり，情報ステーションとなる。そして，困ったときには図書館に人が集まるようになる。

ここで述べたことは，おとぎ話でも，「できたらいいな」という話でもありません。実現しなければならないことです。

筆者もその実現のために，これからも邁進していきます。まずは一緒に，そんな図書館の未来を想像し，創造していきましょう。

イベントに関するQ&A

　現場で働く図書館員の皆さんに，SNSやメーリングリスト等で，アンケートのご協力をお願いしました。
　ご協力いただいた皆さんには，この場を借りてお礼申し上げます。ありがとうございました。
　本章ではアンケートの中から，多かった質問や，ユニークな質問を取り上げて，ざっくばらんにお答えしていきます。

Q 外部講師の呼び方（どう探すかから交渉，事業決定から終了後までの話の進め方など）。

A このような質問には，「そんなこと言っている間にやってみましょう！」と答えたくなってしまうのですが（笑），それくらい簡単であり，方法らしい方法は，あまりありません。
　次の質問も参考にしてみてください。

Q 呼びたい講演者，演者への依頼と予算の折り合いのつけ方。「呼びたい」

よりも「呼べる」(予算範囲内)になってしまう。

A この質問の前提としては，やはり呼びたい講演者を呼ぶ，という前提にする方が良いと思います。そのうえで，低予算でどう呼ぶか，という発想に切り替えるべきです。低予算で来てもらうためにできることは，熱意しかありません。当然ながら，相手のことを良く知るために，その方の著書を読む，講演に参加する等の情報収集は必要です。一度でも講演等に参加してくれた人を，自分の生徒や，お客さんと捉えてくれる人も多いです。その生徒から頼まれれば，考慮してくれる方もいます。また，講演等で何が大変かというと，事前のコンテンツ準備です。なので，「今日の内容が素晴らしいので，このままうちでもやってくれませんか」との依頼であれば，先方の負担は減らせます。後は，相手のリクエストを飲む形での開催です。筆者は，本の即売会をセットする代わりに，講師料は無料で講演をお願いしています。また，自分の話したい内容なら，無料でも引き受けてくれるという方もいらっしゃいます。例えば，いつもビジネスモデルの講演依頼が来るが，親の教育に関することを話したい，それなら無償で良いという先生もいました。まずは，情報収集から，お願い・交渉をしてみてはいかがでしょうか。

Q 図書館員の腰が重い。いちいち「そんなことまでするんですか」と驚く。

A これを読んで笑ってしまいましたが，あるあるなのではないでしょうか。「そんなことまで」という線引きが理解できませんね。

筆者は，幼い頃から図書館のヘビーユーザーであり，常に公共図書館・学校図書館・大学図書館を利用してきました。それでも，30数年間，そこで働く人たちの存在に気が付いていませんでした。言われてみれば，確かにいたのですが，ほとんどコミュニケーションを取ったことがないせいか，印象が全くありません。覚えている図書館員など，一人もいませんでしたし，司書という専門職だということも知りませんでした。そもそも，今時専門職として食べていける資格は，一体どの程度あるのでしょうか。歯医者さんですら，どんどん潰れている時代です。その利用者に気づかれない図書館員，という専門性には疑問があります。「そんなことまで」と

幅を狭めることで，専門性の演出をしようとするのは無理があるのではないでしょうか。むしろ，T字型のキャリアを構築してほしいです。T字型人材とは，確固たる専門分野を一つ以上持ったうえで，さらに幅広い知識をもつ人材のことです。一般社会では，そのような人材が今求められていますので，参考にしてみてください。

Q イベントを企画するうえで，最も重視していることは何ですか？ 「時事的要素」「利用者獲得」「知名度アップ」「予算がっぽり」「正規職員確保」「司書の趣味と楽しみ」など。

A 面白い質問ですね。いちばん重要視するとしたら，ずばり「趣味と楽しみ」です。筆者はボランティアですので当然ですが，働く方も同じだと思います。やはり，好きなことや得意なことの方が，意欲的にできます。結果的にそれが，仕事のクオリティの高さにつながるからです。顧客ニーズに沿う，という問題もあることはわかります。ただ，日本でその人しか興味がない，というような趣味は，あまりないでしょう。それに，多少マニアックな趣味だとしても，例えば，「○○入門講座」等と，切り口を変えることができるはずです。もちろん，その趣味を誰に向けて届けるか，という視点は大切ではあります。

　このような意味で，趣味から始めることによって，利用者獲得や知名度アップにつながります。

Q 企画したが参加者が集まらなかった場合は，どうしますか？

A どうということはありません。質問の背景には，集まらなかったら困る，という心理があると推察します。参加者が集まらないかもしれない＝企画をしない，というくらいなら，まずは始めましょう。やってみなければ実際にはわかりません。やるべきことをやっても，集まらなかったのなら，反省して次に活かすだけです。

　そのような状況をどうしても避けたいのであれば，身内のさくらを用意しておく，等もできます。企画開始時間になっても，参加者が少ない場合は，切り替えが必要です。配置を車座にして，双方向の形にしたり，質疑

応答の時間を長くしたり,参加者同士が感想を述べ合う時間を取ったりできます。コミュニケーションをとれるようにすれば,参加者の人数が少なくとも,満足度の総和は高いはずです。数値化しろと言われても困りますが,民間であればそういうものです。例えば,定員50人の講座は参加費5,000円,定員10人の講座だと5万円,といった価格設定が普通だからです。

Q 大学図書館の授業とのコラボレーション企画について,聞いてみたい。

A まさに最適な事例として,芝浦工業大学の事例があります。同大学のシステム工学部では,20年以上前から学科を超えて,「創る」というグループワークでの授業(前期)を実施しています。テーマに沿って何らかをグループで創造する,といういわゆるアクティブラーニング型の授業です。約400人の生徒が,21の授業に分かれ,そのうちの一つのテーマ「世界一の大学図書館を創る」という授業で,担当教授と大学図書館職員とで一緒に授業を運営しています。

テーマを学生に深く考えてほしいので,初回の授業では,まずは図書館でのインターンです。実際の大学図書館の業務を経験してもらい,中から理解してもらいます。次の授業では,「大学図書館の機能とは? 良い大学図書館とは?」といったことをグループで考えて,発表してもらいました。

やはり,アクティブラーニングと図書館は非常に相性が良いと感じました。さまざまな授業と,図書館が協働できる可能性があるのではないでしょうか。

Q 市民団体や他機関との連携について(連携してうまくいったイベント,上手な連携の取り方,長く付き合い続けるためのポイントなど)。

A 他機関との連携は非常に大事ですよね。該当するイベントの中から,当団体メンバーの小田垣宏和さんの企画,「中学生落語会」の事例をご紹介します。

プロの落語家さんを招いて落語会を開催している図書館はよくあります

が、中学生落語会を開催している図書館はあまりないのではないでしょうか。立ち上げ当初、落語会の企画はありましたが、予算がなく、プロの落語家を呼ぶことはできませんでした。

そんな中、ひきふね図書館パートナーズの中学生集団「おもてなし課」のメンバーの中に、部活で落語研究会に所属している中学生がいたのです。そして、きちんとプロの落語家の指導を受けていることを知りました。中学生から話を通してもらい、さっそく顧問の先生に連絡をとったのです。中学生落語の発表の場として図書館を使ってもらえることになりました。中学校の落語研究会は古典落語から正しい日本語を学ぶという国語教育の一環で活動しています。文化祭など学校行事でしか披露できなかった練習の成果を、図書館という学校外のオープンスペースで一般の人に披露できます。かわいい中学生の落語目当てにお年寄りや、興味津々の小学生がたくさん集まります。

毎年恒例の人気イベントになり、現在4年連続で開催しています。中学校では顧問の先生が異動になっても、継続して図書館と連携できるようにしていただいています。

長く続いているポイントとして、お互いにとってメリットがある関係だということがまずあります。そして、定例化することで、校長先生や学校側に定例行事として認識してもらえます。そうすることで、生徒が変わっても、顧問が変わっても、良い関係を続けていけているのではないでしょうか。

Q （ないことを承知で）全ての人が参加したくて、本が読みたくて、図書館が好きになる、労力の少ない夢のような企画。

A この質問も、良いですよね。答えはないですが（笑）あったら、ぜひ知りたいです！　どなたか、ご存じでしたら、ご連絡お待ちしております。

ただ、一点、「本が読みたくて、図書館が好きになる」という部分は必須ではないと思います。本や図書館が好きじゃないとしても、役に立つのであれば、利用してもらえます。筆者は、個人的にはクリーニング屋さんは嫌いですが、自分では洗濯しづらい服を綺麗にしてもらうために、利用

します。全然行きたくはないですが，出して取りに行くのに，2回も行くのです。クリーニング嫌いの人間がいるように，図書館嫌いの人間も一定数いるでしょう。それでも，図書館が役に立つ場所だと理解してもらえる，というように発想していただく方が良いと思います。

全ての人が参加したい，というのは，誰も参加しないことにつながりますので，色々なイベントが同時多発する「図書館まつり」のようなイベントは，質問の趣旨を満たすのではないでしょうか。ただし，人手は必要です……。

ちなみに，例としてクリーニングは敢えて出しました。私たちのような図書館好き人間にとっては，借りた本を返しに行くのは当たり前です。巷の人たちの「返しに行くのが面倒」，というのが理解できなかったのですが，クリーニングに置き換えたときに，やっと腑に落ちました。

Q 図書委員会を自主的に育てるために実際にやられていることをお聞きしたい。

A 筆者には経験がなかったので，図書委員をファシリテーションするのがお得意な，上田高校の朝倉久美さんが適任かと，回答をお願いしました。

以下，朝倉さんからです。

運営に加わる児童生徒スタッフの存在は，学校図書館ならではの特性といえます。しかし，委員になるのが読書や図書館好きな子どもばかりとは限りません。そして，委員長に選ばれた子であっても，リーダーという役割は困難を伴います。信頼関係を築き，協力体制を構築するために，例えばこのような仕掛けをお勧めします。

事前にアンケートをとり，委員全員を特性や得意技別に振り分けます。読書が好きならお勧め本紹介，絵や工作が得意なら掲示物やポップ作り，人前に出るのが嫌いじゃなければイベント運営，大勢よりも一人で作業したい委員は本の装備や修繕アシスタントなど。そして，それぞれの成果をほめる機会をたくさんつくりましょう。図書館というステージで個々の特性が発揮できれば，自信を持って運営に関わっていけるのではないでしょうか。軌道に乗ったら，同じ業務内容の子どもたちで小規模グループを組

ませ，専門職チームの育成を行います。イメージは戦隊ヒーローやRPGのパーティです。チームの一員としての存在意義を明確にすることは，委員ひとりひとりの所属感や自己肯定感を育てることにつながります。

まずは委員組閣時に「すごろくトーキング」などの遊びを通して，距離感を縮めておくことをお勧めします。職員も子どもたちも楽しみながら，お互いの長所を見つけあいましょう。何より，私たち職員が「チーム図書委員会」の一員であろうとすることが大切です。

Q 細く長く続く利用につなげる企画と，一時的な一発芸のような企画で終わることの違いはなんでしょう？

A いずれの企画にせよ，開催する目的が違うということだと言えます。本書で再三述べてきたように，細く長く続け，コミュニティの生成につながる企画は素晴らしいです。かといって，一発芸な企画に意味がない訳ではありません。一度の開催でも，多くの人に図書館の認知を上げられるような企画もあります。

小さな企画でも，地道に続けて図書館の真の利用者を育てていく，という活動も必要です。新規顧客や最近離れていた顧客を呼ぶための，起爆剤になるような企画も必要です。大切なのは，どちらを狙っているのかを明確にすることです。もちろん，起爆剤を爆発させただけで終わらせないように，今後の利用につなげる工夫はするべきです。

Q お金をかけず，図書館をおもしろがってもらえるイベントにするために，押さえておいたほうがいいポイントは？

A 事例紹介の中で，低予算から無料でできる企画はお伝えしてきました。お金をかけなくてもできることはたくさんあります。むしろ，「予算なし」という制約があった方が良い企画ができたりします。ポイントはやはり「アイデア」です。図書館を面白がってもらうには，図書館らしくないイベントの方が多くの人にとって，面白いです。ぜひ柔軟な発想で，面白いアイデアを出していただきたいです。

図書館員向けのアイデア発想ワークショップも多々開催してきましたが，

頭の固さが見受けられます。今の図書館に足りないのは，予算でも，人員でもなく，アイデアなのではないでしょうか。

　本書の中で紹介してきた，企画書等をダウンロードできるようにしました。下記の URL もしくは，QR コードから，メールアドレスを送っていただきますと，ダウンロードサイトへのご案内を送ります。ご自由にお使いください。

https://canyon-ex.jp/fx20298/e7mPml

〈ダウンロードできるデータ〉
　　・企画書見本
　　・企画書（ブランク）
　　・スケジュール表
　　・チラシ　等

※研修・イベント・ボランティア養成講座等のご依頼もお気軽にどうぞ。

info@libraryfacilitator.com

おわりに

実行を！
いかがだったでしょうか。あれをしろ，これをしろ，とうるさかったかもしれません。決して上から目線ではなく，筆者の，図書館の中でもあり，外でもある立場からの提案です。そして，あれもこれもできていない，ということであっても，安心してください。それはまだ可能性を秘めているということです。

図書館には，もっともっと大きな可能性があります。もっともっと活用できます。もっともっと社会から評価されて良いはずです。

本書をお読みいただき，何か一つでも参考になったことがあれば幸いです。そして，「なるほど」と思われたことがありましたら，ぜひ実行していただきたいのです。そのために，タイトルに「実践講座」とつけました。この本はエンターテイメントとして書いたのではありません。それぞれの図書館で・学校で・大学・企業で実施され，その場に変化を起こすことを目的としています。

図書館のより良い未来を！
そして，それぞれの図書館の新規顧客が増え，図書館の認知度が上がり，予算も増え，国民の知る権利が守られる。そんな未来を切に願っています。そのために，みなさんと一緒に一つひとつを行動に移すことができれば，幸いです。

筆者自身も，これからも図書館の社会的価値を上げるために邁進していきます。地元のひきふね図書館を，地域のコミュニティの拠点としていきます。地域と図書館とをつなげることのできる，図書館員の育成に努めます。

最後に，本書を執筆させていただきました樹村房の大塚社長，石村さん，執筆のきっかけをつくってくださった仁上幸治先生，ありがとうございました。

取材を手伝ってくれた，ガッキーこと小田垣宏和さん，いつもありがとう。

そして，いつも私が出かけた後，作り置きのご飯を温めて食べてくれる，夫と二人の子どもたちに感謝します。

2017年10月某日

図書館を愛する一利用者・北村志麻

参考文献

- 豊山希巳江「人がツナガル。「図書館イベント」から見る図書館の可能性:山武市さんぶの森図書館の場合」『図書館評論』2015, vol.57, p.21-29.
- 石田章洋『企画は,ひと言。』日本能率協会マネジメントセンター,2014, 235p.
- 山崎 亮『コミュニティデザインの時代』中央公論新社,2012, 255p.
- 菅谷明子『未来をつくる図書館:ニューヨークからの報告』岩波書店,2003, 230p.
- 片山善博,糸賀雅児『地方自治と図書館:地方再生の切り札「知の地域づくり」』勁草書房,2017, 252p.
- スティーブン・R.コヴィー『7つの習慣:個人,家庭,社会,人生のすべて 成功には原則があった！』キングベアー出版,2008, 481p.
- ナンシー・デュアルテ 著,熊谷小百合 訳『スライドロジー:プレゼンテーション・ビジュアルの革新』ビー・エヌ・エヌ新社,2014, 287p.
- 猪谷千香『つながる図書館:コミュニティの核をめざす試み』筑摩書房,2014, 238p.
- フラン・リース 著,黒田由貴子,P. Y.インターナショナル 訳.『ファシリテーター型リーダーの時代』,プレジデント社,2002, 294p.
- 神代 浩『困ったときには図書館へ:図書館海援隊の挑戦』悠光堂,2014, 207p.
- 山本尚史『地方経済を救うエコノミックガーデニング:地域主体のビジネス環境整備手法』新建新聞社,2010, 230p.
- ジェームス・W.ヤング 著,今井茂雄 訳『アイデアのつくり方』ティービーエス・ブリタニカ,1988, 102p.
- 礒井純充『まちライブラリーのつくりかた:本で人をつなぐ』学芸出版社,2015, 182p.
- 堀 公俊,加藤 彰『ファシリテーション・グラフィック:議論を「見える化」する技法』日本経済新聞社,2006, 221p.
- 堀 公俊 著,日本ファシリテーション協会 監修『組織を動かすファシリテーションの技術:「社員の意識」を変える協働促進マネジメント』PHP研究所,2004, 233p.
- チップ・ハース,ダン・ハース 著,飯岡美紀 訳『アイデアのちから』日経BP社,2008, 357p.
- 加藤昌治『考具』エィビーエス・ブリタニカ,2003, 239p.
- 安井麻代『誰にでもできる「交流会・勉強会」の主催者になって稼ぐ法』同文舘出版,2012, 187p.

- 神田昌典『バカになるほど，本を読め！：READ FOR ACTION!』PHP 研究所，2015，186p.
- ピーター・F. ドラッカー 著，上田 惇生 訳『マネジメント：基本と原則』エッセンシャル版．ダイヤモンド社，2001，302p.
- ジェレミー・ドノバン 著，中西 真雄美 訳『TED トーク 世界最高のプレゼン術』新潮社，2013，204p.
- "としょこん！：草食系のためのナイトライブラリー ※肉食も可" みんなの森ぎふメディアコスモス Web サイト．http://g-mediacosmos.jp/lib/information/2016/01/post-122.html, (参照 2017-10-06).
- "認知症に安心を 寄り添う図書館 困っている人に対応" 東京新聞 Web サイト．http://www.tokyo-np.co.jp/article/national/list/201702/CK2017022002000119.html, (参照 2017-10-06).
- 竹内庸子 "ミステリークエスト：東部図書館からの脱出" 東京図書館制覇！．http://tokyo-toshokan.net/edogawa_toubu_nazotoki_201310.htm, (参照 2017-10-06).
- "プラネタリウム in 永福図書館" 杉並区立図書館 Web サイト．https://www.library.city.suginami.tokyo.jp/news/n20170311_03.html, (参照 2017-10-06).
- "活動のご案内：『困ったときには図書館へ』連続講演会のご案内" りぶらサポータークラブ．http://www.libra-sc.jp/project/2016040410074058.html, (参照 2017-10-06).
- "イチオシ図書館イベント：図書館のレコードの時間＠小石川図書館" TRC Web サイト．https://www.trc.co.jp/topics/event/e_koishikawa_09.html, (参照 2017-10-06).
- "サッちゃんバスで行く！ブルーベリー狩り" 図書館パートナーズ：全国図書館イベント検索．http://libraryfacilitator.com/event/46/, (参照 2017-10-06).
- "図書館と博物館のコラボ企画 みてみよう！ふれてみよう！虫の不思議を調べよう！" 図書館パートナーズ：全国図書館イベント検索．http://libraryfacilitator.com/event/54/, (参照 2017-10-06).

さくいん

▶あ行
- アイデア発想 — 18
- アウトリーチ — 90
- アクティブラーニング — 9
- アメリカ図書館協会 — 32
- ウィキペディア — 24
- 運営方針 — 8
- 英語多読 — 85
- オープンスペース — 86

▶か行
- 会議時間 — 97
- 課題解決 — 9
- ガバナンス(協治) — 2
- 企画書 — 39
- 技能 — 21
- キャッチー — 26
- キャラクター — 28
- 協治(ガバナンス) — 2
- クラウドファンディング — 84
- グラフィックレコーディング — 60
- 検索エンジン — 48
- 合意形成 — 91
- 講師予算 — 37
- 顧客ニーズ — 103
- コストパフォーマンス — 98
- 子育て支援 — 59
- コミュニティカフェ — 44

▶さ行
- サイン会 — 60
- サテライトイベント — 71
- 参加動機 — 52
- 産業振興 — 84
- 司会進行 — 16
- 市場調査 — 35
- 社会的ネットワーク格差 — 104
- 主催 — 7
- 出版社 — 66
- 情報ステーション — 13
- 情報リテラシー — 25
- 人脈 — 37
- スキルバンク — 79
- スケジューリング — 83
- ステレオタイプ — 105
- スペシャリスト — 102
- スライド — 58
- セッティング — 50
- 全国図書館イベントサイト — 54
- 組織変革 — 81

▶た行
- タイトル — 38
- 第二領域 — 96
- タイムシェアリング — 87
- チームワーク — 100
- 中学生ボランティア — 56
- 中小企業 — 78
- ティーンズ — 70

点字紙	62		まちライブラリー	41
投資的	99		マッチング	89
読書活動推進	7, 55		マネジメント	19
トライアスロン	69		ミスマッチ	53
			ミッション	82

▶な・は行

入館者数	14		名刺交換	22
任意団体	1		メインターゲット	35
ネーミング	27		メディア	10
ノウハウ	12		メリハリ	101
バーチャルコミュニティ	77		モデル	4
発酵期間	36		文部科学省	6
ハブ	94		優先順位	95
ビジネス書	20		洋書	71
ビジネススキル	17		養成講座	92
ファシリテーション	16		ライトユーザー	67
ファシリテーター	51		ロジカルシンキング	18
フォロワー	46		ワークショップ	31, 51
プラットフォーム	76		割引サービス	65
プロボノ	92			
ペルソナ	35		▶アルファベット	
保険	63		AV機器	49
ボトムアップ	23		Instagram	47
			OJT	42
▶ま・や・ら・わ行			POPコンテスト	45
待ち合わせ	80		PR	11
まちヨミ	68		PR媒体	43
			win-win	93

［著者プロフィール］

北村　志麻（きたむら・しま）
「図書館パートナーズ」代表
獨協大学外国語学部フランス語学科卒。英会話スクールNOVA，証券会社，信用調査会社等に勤務。会社を通した社会貢献から，直接の社会貢献に目覚め，2012年より墨田区立ひきふね図書館において，イベント実施ボランティアを開始。2015年独立，ファシリテーション技術を図書館向けに設計している「ライブラリー・ファシリテーター認定講座」の自主開催，各自治体・企業・大学・研究会等での研修受託。

〈主著〉
『マイクロ・ライブラリー 人とまちをつなぐ小さな図書館』学芸出版社（共著）
「進む！市民参加」『地方自治職員研修』2015, vol.48, no.8, p.49-51.

〈研修実績〉
埼玉県立図書館研修，丸善雄松堂㈱・㈱紀伊國屋書店・㈱ヴィアックス社内研修，桐蔭横浜大学・芝浦工業大学・玉川大学，日本図書館協会研修等

・一般社団法人 Read For Action 協会認定リーディング・ファシリテーター
・墨田区図書館運営協議会委員
・墨田区ひきふね図書館パートナーズ

図書館員のためのイベント実践講座

2017年11月1日　初版第1刷発行
2018年2月9日　初版第2刷発行

検印廃止

著　者ⓒ	北　村　志　麻	
発　行　者	大　塚　栄　一	
発　行　所	株式会社　樹村房　JUSONBO	

〒112-0002
東京都文京区小石川5-11-7
電　話　　03-3868-7321
ＦＡＸ　　03-6801-5202
振　替　　00190-3-93169
http://www.jusonbo.co.jp/

組版・印刷　美研プリンティング株式会社
製本　　　　有限会社愛千製本所

ISBN978-4-88367-286-8　乱丁・落丁本は小社にてお取り替えいたします。